그림책을 읽다
너의 마음을 보다

한 그루의 나무가 모여 푸른 숲을 이루듯이
청림의 책들은 삶을 풍요롭게 합니다.

엄마와 아이가 더 가까워지는
그림책 대화 수업

그림책을 읽다
너의 마음을 보다

장선화 지음

청림Life

작가의 말

그림책 안에는 작가가 말하고자 하는 삶의 가치가 담겨 있다. 그 가치를 발견하기 위해서는 온전히 자신의 감각들을 열고 그림책에 몰입해야 한다. 열린 감각으로 그림책을 천천히 펼치면, 그 안의 가치들이 온몸에 스며든다. 그 순간은 감동으로 마음이 벅차다. 이렇게 느낀 감각은 그림책을 덮은 후에도 살아 있다. 그래서 세상의 가치를 촘촘하게 바라볼 수 있게 하는 힘을 준다. 이런 경험은 늘 황홀하다.

    이 좋은 그림책을 나 혼자만 볼 수는 없었다. 결혼하고 나서 남편에게 그림책을 자주 보여주며 접점을 만들려고 노력했다. 현실적이고 이성적인 성격의 남편이 그림책에 관심을 갖는 건 쉽지 않았다. 하지만 남편은 다양한 주제를 다루고 있는 그림책의 매력에 점차 빠져들기 시작했고, 이제는 그림책 원화전을 함께 보러 다닐

정도로 그림책과 가까워졌다. 감사하게도 아이들은 그림책을 정말 좋아했다. 나는 아이들이 주인공의 성장을 마음에 담고, 내면이 건강하게 자라길 바라며 그림책을 정성껏 읽어주었다. 그림책은 아이들의 상상력을 자극해주었고, 아픈 마음을 달래주었으며, 역경을 이겨내는 힘을 주었다.

나는 아이들 덕분에 용기를 내어 그간 썼던 칼럼들을 정리하기 시작했다. 칼럼에는 세상을 헤치고 살아갈 아이에게 해주고 싶은 말들이 가득했다. 이제는 그 이야기를 세상의 엄마들에게 전하고 싶다. 그림책은 엄마와 아이를 연결하고, 아이와 세상을 연결하는 연결고리다. 이 책에 단단한 연결고리가 될 그림책들과 나의 경험담을 일곱 개의 챕터로 나눠담았다. 챕터1에는 조절하지 못했던 감정들과 지나친 욕심으로 아이에게 상처를 주었던 엄마의 미안함을 담았다. 그 미안함을 엄마의 성장 에너지로 쓸 수 있도록 엄마의 미션도 함께 넣어두었다. 챕터2부터 챕터6까지는 삶의 의미와 가치를 알게 해주는 그림책들과 아이에게 전해주면 좋을 엄마의 말을 담았다. 엄마가 하루를 정리하는 잠자리에서 아이를 꼭 안아주며 그 말들을 다정하게 전해주었으면 한다. 챕터7은 좀 더 성숙한 엄마가 되기 위한 준비물과 편안하고 안정된 정서를 가질 수 있도록 돕는 미션을 넣어두었다.

그림책 소통 전문가로서 엄마들에게 알려주고 싶은 이야기를 담기는 했지만, 나는 여전히 부족하고 서툰 엄마다. 아이를 키우다 보면 한없이 좌절하는 순간들도 찾아온다. 그동안 양육에 쏟았던 에너지가 덧없게 느껴지고 공허해져 심히 괴로울 때도 있다. 하지만 그러다가도 아이가 보여주는 웃음 한 번에 다시 기운을 차리게 된다. 이런 상심과 회복의 시간을 자주 겪으며 이제는 알게 되었다. 이런 순간들을 잘 견뎌내는 것이 인생이며, 엄마를 성숙하고 단단한 사람으로 만들어준다는 것을 말이다.

이 책은 나의 아이들에게 하는 고백이자, 성숙한 엄마가 되겠다는 다짐이며, 세상의 모든 엄마를 향한 응원이다. 엄마가 이 책을 읽으며 아이에게 전해줄 삶의 보석들을 차곡차곡 담는 시간이 되기를 간절히 소망한다. 더불어 그동안 내가 받은 많은 사랑을 이 책을 통해 흘려보낼 수 있기를 바란다. 내가 그림책과 함께 빛날 수 있도록 영감을 주는 많은 조력자와 항상 나를 최고라고 말해주시는 존경하는 부모님, 항상 나의 든든한 지지자가 되어주는 소울메이트 남편, 나를 괜찮은 엄마로 만들어주는 아이들, 그리고 순간마다 함께하시는 그분에게 감사함을 전한다.

장선화

차례

작가의 말　　　　　　　　　　　　　　　004

chapter
01

엄마가 너에게 미안해

너를 향한 소망이 엄마의 욕심으로 변했나 봐	012
엄마의 걱정이 너를 불안하게 했어	022
엄마의 분노가 네 마음에 가시를 만들었어	032
짜증스러운 잔소리로 네 마음 문을 닫게 했어	042
다른 아이와 비교해서 너를 슬프게 했어	051

chapter
02

자신을 사랑하는 아이, 자존

너만의 이야기를 가지고 있어야 한단다	062
네가 어떤 모습이건 엄마는 너를 사랑한단다	072
완벽하지 않아도 괜찮아 너는 충분히 잘하고 있어	080

chapter 03
성숙한 어른이 되기 위한 준비, 감정

네 마음을 잘 표현해야 마음이 건강해진단다 · 090

두려움에 휩싸일 때는 주먹을 꼭 쥐어보렴 · 099

다른 사람의 마음도 토닥여줄 수 있는 사람이 되렴 · 108

chapter 04
성장하는 아이에게 가장 큰 선물, 신뢰

너는 매일 조금씩 성장하고 있단다 · 118

너를 기다려주고 항상 믿어줄 거야 · 127

엄마는 언제나 네 곁에 있단다 · 136

chapter 05
시련을 이겨내는 힘, 회복 탄력성

힘든 일 뒤에는 멋진 성장이 기다리고 있단다 · 148

가슴이 답답할 때는 숨을 크게 쉬어봐 · 155

힘든 날에는 엄마가 만들어준 음식을 떠올리렴 · 164

chapter 06
아이 인생을 행복하게 만드는 비법, 긍정

너의 강점을 찾아보렴 너는 빛나고 있단다	172
유쾌하게 살기에도 인생은 짧단다	180
세상에 당연한 것은 없고 모든 것은 감사거리란다	188

chapter 07
엄마의 말을 잘 전할 준비를 할게

너를 위한 달콤한 미소를 준비할게	198
친절하고 다정한 말투로 따뜻하게 말해줄게	205
엄마의 건강한 잠으로 너의 낮을 지켜줄게	214
엄마의 케렌시아에서 기쁨을 가득 채울게	222
서로를 존중할 수 있는 적당한 거리를 만들게	232

CHAPTER
01

엄마가
너에게 미안해

너를 향한 소망이
엄마의 욕심으로 변했나 봐

"엄마가 뭐 이래!"

딸이 중학생 때 일이다. 중간고사를 마치고 돌아온 아이의 얼굴에는 그늘이 가득했다. 시험을 잘 본 날은 재잘거리며 들어오는데, 그날은 오래 준비한 수학 시험을 망친 듯 보였다. 딸은 기운 없는 표정과 목소리로 말을 꺼냈다. 한 문제가 잘 안 풀려서 붙잡고 있다가 시간이 너무 지체되어 뒤에 있는 문제를 다 못 풀었다는 것이다. 나는 딸이 느꼈을 속상함을 이해하기보다 나의 서운한 감정을 먼저 드러냈다. 그리고 아이를 안아줄 포용력을 발휘하지 못했다. 나는 딸의 말이 끝나자마자 미간을 찌푸리며 딸의 문제점을 지적하기 시작했다. 풀리지 않는 문제를 끝까지 붙들지 말고, 다른 문제부터 풀었어야 했다고 말이다. 딸의 성적에 기대가 컸던 탓인지 안타까운 마음을 짜증스럽게 말하고 말았다. 딸은 나를 한참 동안 바라보더니 엄마가 뭐 이러냐며 목놓아 울었다.

순간 나는 마음속으로 탄식했다. 수많은 강의에서 내가 그렇게 중요하다고 말했던 공감을 하지 못하고, 아이의 상황을 평가하며 조언만 했기 때문이다. 그건 오로지 학생의 성적에만 집중하는 학원 선생님이 할 말이었지 엄마가 할 말은 결코 아니었다. 딸의 말대로 엄마가 이래서는 안 되었다. 엄마라면 풀리지 않는 문제에 매달리며 답답했을 마음과 남은 문제들을 찍으며 답안지를 제출할 때의 속상함에 공감했어야 했다. 아이가 나 대신 본 시험을 망쳐서 억울하다는 듯이 딸을 나무라는 나의 태도가 너무 부끄러웠다. 존재만으로도 소중하고 훌륭한 아이를 나는 수학 점수로 평가해버리고 말았다. 정신이 번쩍 든 나는 아이에게 진심으로 미안하다고 사과했다. 그리고 내 서운함과 억울함의 원인은 무엇이었을지 가만히 생각해보았다.

비싼 사교육비를 지출하며 엄마는 아이의 좋은 성적을 욕심낸다. 학원비와 성적은 비례해야 한다고 말이다. 되도록 빠르게 성과

가 나오기를 바라면서 엄마의 마음은 조급해진다. 엄마는 성적이 만족스럽지 않으면 아이를 다그치고 학원을 원망하며 억울해한다. 비싼 학원비와 엄마가 쏟았던 정성과 열정에 못 미치는 결과는 배신감으로 다가온다. 그래서 사회학자들이 현시대 부모들의 정서에는 기본적으로 억울함이 있다고 하는지도 모르겠다. 하지만 욕심과 조급함은 그저 아이를 잘 키우고 싶은 엄마의 마음을 흐리게 할 뿐이다.

나는 그 사건 덕분에 아이를 학원에 보내는 의미를 재고할 수 있었다. 아이가 공부하며 부족한 부분에 도움을 받고, 그 과정에서 작은 성취를 느끼기만을 바랐던 초심을 다시금 떠올렸다. 높은 성취는 엄마의 욕심일 뿐 그것이 최종 목표가 되어서는 안 된다.

• 우리 아이의 행복한 달리기를 응원한다면 •

『달리기』(나혜 글·그림, 이야기꽃) 속 사람들은 "탕!" 하는 신호와 함께 모두 달린다. 장애물을 넘고, 낭떠러지에서 뛰어내리고, 파도치는 바다를 건너고, 담장도 오르며 계속 달린다. 달리는 사람들이 모두 어디를 가는지, 어떤 이유로 달리는지 궁금해진다. 이들의 달리기를 보고 있자면 교육 현장으로 내몰리는 아이들 혹은 자녀를 위해 쉬지 않고 달리는 엄마들처럼 보이기도 한다. 내 삶에서 맹목적으로 달렸던 경험이 아쉬움과 상처로 남아서일까? 나는 눈앞의 장애물을 넘으며 무작정 달리는 그림책 속 사람들이 언젠가는 모두 쓰러질 것이라는 생각이 들었다. 앞만 보고 달리는 사람들의 모습에서 나는 왠지 모를 공허함을 느꼈고, 마음이 불편한 채로 그림책 한 장 한 장을 넘겼다.

그러나 이 모든 것은 나의 기우에 불과했다. 경쟁에 내몰렸던 나의 내적 세계의 기억이 그들의 달리기를 부정적으로 바라보게 만든 것이다. 낙오되지 않고 끝까지 달린 사람들은 모두 같은 높이의 시상대에 올랐다. 이런 장면은 그림책 속에서나 볼 수 있는 판타지일까? 혹자는 현실이 치열한 경쟁 속에서 살아가는 정글이라고 말하고 싶을지 모른다. 그래서 1등을 하려면 남들보다 더 열심히 뛰어야 한다고 말이다.

하지만 엄마가 완주를 목표로 하자고, 설령 완주하지 못한다고 하더라도 다음에 잘 해내면 된다고 말해준다면 아이의 삶은 어떻게 바뀔까? 결과보다는 장애물을 넘는 과정에 초점을 맞추며 삶의 달리기를 즐겁게 할 수 있지 않을까? 순위에 상관없이 완주를 위해 끝까지 달린 경험은 아이에게 성취감을 느끼게 하며, 다음에 찾아올 더 어려운 달리기도 완주할 수 있는 힘을 준다. 이 모든 건 높은 성취를 내야 한다는 엄마의 욕심과 조바심을 살짝 내려놓으면 가능하다. 자녀를 향한 욕심을 내려놓으면 여유를 선물받을 수 있다.

부모들은 성적, 교우 관계, 운동, 악기 등 모든 것을 잘 해내는 아이를 원한다. 나 역시 그랬다. 아이에게 하프와 하키를 시키고 싶다며 욕심으로 가득 찼던 지난날을 떠올리면 웃음이 나온다. 부모는 아이가 조금이라도 다치거나 아프면 모든 것이 다 욕심이었음을 알게 된다. 그저 아이가 건강하기를 바라는 것이 부모가 처음 가졌던 소망이었음을 깨닫기 때문이다.

• 우리의 욕심에 염치를 차리는 시간 •

'썩어도 준치'라는 말이 있다. 생선 중에 준치보다 맛있는 생선이 드물 정도로 맛이 일품이라는 뜻에서 유래한 말이다. 어느 정도 값어치가 있는 물건은 약간의 흠집이 있어도 기본은 한다는 뜻으로 사용한다. 준치는 가시가 많은 청어과의 생선이다. 백석 시인의 동화시가 담긴 『준치 가시』(백석 글, 김세현 그림, 창비)는 준치가 가시가 많은 이유를 재미있는 상상력으로 풀어간다.

가시가 없던 물고기 준치는 다른 물고기들의 가시를 부러워한다. 어느 날 준치는 물고기가 많은 곳으로 찾아가 자신에게 가시를 달라고 부탁하고, 물고기들은 준치를 반갑게 맞이하며 가시를 준다. 큰 물고기는 큰 가시, 작은 물고기는 작은 가시를 준다. 준치는 기쁜 마음으로 돌아가려 하는데, 아름다운 마음을 가진 물고기들이 준치에게 계속 가시를 더 주려고 한다. 물고기들은 돌아가는 준치의 꼬리에 가시를 더 꽂아준다. 이때부터 준치는 꼬리에 더욱 가시가 많은 물고기가 되었다는 이야기다.

친구들이 준 가시에 고마워하며 적당히 멈춰야 할 때를 아는 준치의 모습은 훌륭하다. 자신이 원한 만큼 적당히 가시를 받고는 더 이상 가시를 탐하지 않았다. 염치 있는 물고기 준치의 모습은 우리를 돌아보게 한다. 염치는 체면을 차릴 줄 알며 부끄러움을 아는 마음을 뜻한다. 염치를 알게 되면 자신의 상황을 부끄럽게 생각하고 반성하며 행동을 바로잡게 된다. 만약 준치가 욕심을 부렸다면 가시 범벅이 된 자신을 보며 후회하고 있었을지도 모른다.

문득 '나는 염치 있는 사람인가?' 하는 생각이 들었다. 내 곁에 이렇게 소중하고 사랑스러운 아이가 있는 것만으로 감사하고, 더는 욕심을 부리지 않아야 하는 게 아닐까? 아이가 처음 돋아난 아랫니를 보이며 방긋 웃을 때, 엄마는 세상의 모든 것을 얻은 듯 행복하다. 자녀는 어릴 때 평생 할 효도를 이미 다 했다는 말이 있다. 정말 그런지도 모른다. 아이의 작은 행동들을 통해 우리는 얼마나 큰 기쁨을 누렸던가? 우리가 처음 가졌던 소망에 지나친 욕심을 더하여 아이에게 상처를 주고 있다면, 이미 우린 염치없는 엄마일지 모른다. 부모는 아이가 건강이라는 기본 옵션을 장착하고 사회적으로 성공하기를 바라며 그것을 위해 최선을 다한다. 그러나 지금 하는 최선이 진정 아이를 위한 최선인지 생각해보아야 한다. 또 최선의 대가로 아이에게 높은 성취를 바라고 있는 건 아닌지 경계해야 한다.

· 나의 욕심을 들여다볼 시간 ·

우리는 크고 작은 욕심들을 품고 살아간다. 욕심을 뜻하는 한자 慾를 보면 바랄 욕欲 아래 마음 심心 자가 있는 형태다. 따라서 욕심이란 무언가를 바라는 마음, 즉 얻고자 하는 마음이다. 물욕, 명예욕, 권세욕, 식욕, 성욕 등은 우리 마음에서 나오는 자연스러운 욕구다. 이러한 욕구가 지나쳐 넘쳐 흐를 때 문제가 발생한다. '바다는 메워도 사람 욕심은 못 메운다.' '가진 놈이 더 가지려 한다.' '아홉 가진 놈이 하나 가진 놈 부러워한다.' 등은 사람들의 과한 욕심을 말하는 속담들이다. 재산이 많으면서도 탐욕스럽게 손에 닿는 모든 것들이 황금으로 변하기를 원했던 미다스 왕의 이야기와 톨스토이의 『사람에게는 얼마만큼의 땅이 필요한가』에서 더 많은 땅을 가지기 위해 뛰다가 피를 토하고 죽은 바홈의 이야기도 인간의 끝없는 욕심을 잘 보여준다.

　성경에는 욕심은 죄를 낳고 그것이 과하면 멸망에 이른다는 말이 있고, 석가모니는 욕심이란 똥 덩어리 같으며 햇볕에 녹는 눈처럼 허망하다고 했다. 자신의 작은 소망이 욕심으로 변하여 스스로 옥죄었던 순간을 경험해본 적이 있을 것이다. 사람은 자신이 가지고 있는 욕심이 채워지면 행복을 느끼지만 그 행복은 얼마 가지 않는다. 더 큰 욕심을 갖고, 그 욕심을 채우기를 갈망한다. 정말 힘든 일이지만, 아이를 향한 욕심의 한계선을 정하면 빨리 그리고 더 많이 성취해야 한다는 조급함에서 조금은 벗어날 수 있다. 나와 아이를 힘들게 하는 욕심을 들여다보는 시간을 가져보면 어떨까?

Mom's Mission

나의 욕심 리스트 만들기

---

1. 채워야 할 욕심과 버려야 할 욕심을 포스트잇에 적어 눈에 잘 보이는 곳에 붙여 봅니다. 예를 들어 채워야 할 욕심에는 운동, 독서, 좋은 사람과 시간 보내기 등, 버려야 할 욕심에는 자녀의 학업 성취, 돈, 차 등을 적을 수 있어요.

2. 채워야 할 욕심들을 읽어보고, 그것을 위해 내가 할 수 있는 것들을 생각해보세요. 버려야 할 욕심이 써진 포스트잇을 과감하게 떼어 버립니다.

3. 편안하게 앉아 깊게 호흡을 들이마시고 내쉽니다. 그리고 자신의 몸과 마음을 건강하게 만드는 욕심들로 채워나가는 상상을 해보세요.

TIP 나의 욕심을 들여다보는 연습을 꾸준히 해보세요.

Plus Picture Book

욕심을 들여다보는 그림책

욕심쟁이 딸기 아저씨
김유경 글·그림 | 노란돼지

딸기가 너무 좋아서 딸기를 사고 또 사는 아저씨는 모으기만 할 뿐 나눌 줄은 몰라요. 자기 욕심을 알지 못하기 때문에 자신에게 얼만큼 딸기가 필요한지도 모르지요. 함께 나누는 것의 중요성을 이야기하는 그림책입니다.

단물 고개
소중애 글 | 오정택 그림 | 비룡소

나무꾼 총각은 장에 가는 길에 단물이 나오는 샘을 발견해요. 단물을 마시고 힘이 난 총각은 그 물을 사람들에게 팔아요. 사람들은 단물을 좋아했어요. 총각은 더 많은 물을 얻기 위해 샘을 곡괭이로 팝니다. 샘은 어떻게 되었을까요? 물을 상징하는 파랑과 욕심을 상징하는 주황의 대비를 느껴보세요. 운율감 있는 글이 재미를 더해줍니다.

엄마의 걱정이
너를 불안하게 했어

아이가 어릴 적 빨리 잠을 자지 않을 때, 나는 아이 몰래 창문을 두드리며 망태 할아버지를 불렀다. 깜깜한 밤에 창문이 흔들리는 소리가 나면, 아이는 진짜 망태 할아버지가 온 줄 알고 눈을 꼭 감고 자는 척을 했다. 아이는 두려움에 숨을 거칠게 몰아쉬고, 경직된 몸으로 내게 꼭 안겼다. 그럼 나는 내가 두려움에 몰아넣은 아이를 꼭 안아주며 재워주곤 했다.

"어머, 무서워라. 엄마가 안아줄게. 빨리 자자."

무서워서 진땀을 흘리던 아이는 그렇게 내 품에서 잠이 들었다.

가끔이었지만 정말 부끄러운 나의 흑역사다. 얼마나 폭력적인가? 아이 마음에 극한의 두려움을 일으키며 아이를 재우고 난 후 찾아올 나의 평화로운 밤을 그렇게 지키고 싶었던 걸까? 일과 육아에 지친 그 시절, 나는 수단과 방법을 가리지 않고서 아이 재우기라는 마지막 일과를 빨리 끝내고 싶었다. 망태 할아버지를 대동하면 그날 밤의 육아는 쉽게 끝났지만, 밤에 대한 아이의 두려움은 더욱 짙어졌다. 아이는 망태 할아버지가 찾아올 수도 있다는 두려움에 잠이 안 오는 밤을 무서워하게 되었다.

『망태 할아버지가 온다』(박연철 글·그림, 시공주니어)에서 아이가 엄마에게 들은 망태 할아버지에 대한 정보는 이러하다. 말 안 듣는 아이 잡아다 혼내고, 우는 아이 입 꿰매고, 떼쓰는 아이는 새장 속에 가두고, 밤늦도록 안 자는 아이는 올빼미로 만들어버린다. 그렇게 이 세상 모든 나쁜 아이들을 잡아다가 말 잘 듣는 착한 아이로 만든다는 것이다. 어른이 들어도 끔찍하고 무서운 이야기다. 착한 아이로 규율을 지키며 살지 않으면, 아니 더 정확히 말해 엄마가 정해놓은 선에서 벗어나면 망태 할아버지가 찾아올 수 있다는 이야기는 아이를 불안하게 한다. 나는 이 그림책을 읽으며 가슴을 쳤다. 아이를 통제할 수 있는 쉬운 방법이었지만, 아이에게는 얼마나 폭력적이었을지 후회하며 말이다.

• 엄마의 두려움은 아이에게 스며든다 •

인간은 보편적으로 죽음, 가난, 상실, 타인의 평가, 건강 문제 등을 두려워한다. 특히 엄마는 아이를 키우며 건강과 안전, 교우 관계, 성적, 미래에 선택할 직업 등을 걱정하며 불안해한다. 엄마의 걱정과 불안은 말과 행동으로 아이에게 전달되고 스며든다. 엄마가 무심코 던진 말 중에는 아이가 두려움을 느꼈을 말들이 많다. "또 그러면 엄마한테 혼난다!" "경찰 아저씨가 잡아간다!" "빨리 준비 안 하면 놓고 간다!" 등이 아이의 두려움을 가중하는 말이다. 아이가 두려움을 느끼면, 엄마는 아이를 쉽게 통제할 수 있다. 그래서 은연중에 이러한 말들을 자주 사용하게 된다. 또는 아이에게 두려움을 주며 다그치지는 않지만, 엄마가 두려움이 많은 경우도 있다. 엄마의 두려움은 아이에게 그대로 전염된다. 그리고 아이가 세상을 바라보는 축을 이루어 두려움이 많은 아이로 자라게 할 수도 있다.

인생에서 가장 두려움이 가득했던 기억을 고백하자면, 내가 임신했을 때로 거슬러 올라가야 한다. 나는 결혼하고 4년간 다섯 번의 유산을 했다. 임신 소식은 기쁨과 축복이기보다는 점점 두려운 일이 되었다. 그러다 여러 검사를 통해서 유산의 원인을 알게 되었다. 원인은 탯줄로 혈액 공급이 잘되지 않아서였다. 병원에서는 다시 임신을 하게 되면 배에 헤파린 주사를 열두 시간 간격으로 맞아야 한다고 했다. 선택의 여지가 있겠는가? 다시 한번 아이가 찾아왔을 때, 나는 스스로 배에 주사를 놓아야 했다. 주사를 잘못 맞으면 배에 시퍼렇게 멍이 들었다. 점점 불러오는 내 배는 여기저기 멍투성이였지만 그래도 축복 같았다. 주사를 맞는 순간의 어려움보다도 더 힘들었던 것은 내가 만들어낸 부정적인 상상이었다. '아이 심장 소리를 듣지 못하면 어쩌지?' '열두 시간이 조금 지났는데 괜찮을까?' '주사가 정말 아이에게 해로운 것은 아니겠지?' '이렇게 힘들게 주사를 맞지만, 효과가 없으면 어쩌지?' '30주 이후에는 주사를 맞지 않아도 임신이 유지될 수 있을까?' 나는 그렇게 온갖 걱정과 두려움으로 임신 기간을 보냈다. 안정을 취하며 태교에 집중해야 했지만, 거듭된 유산의 기억은 나를 불안에 휩싸이게 했다. 뱃속에서 나와 함께 불안했을 아이에게 미안할 뿐이다.

『용감한 몰리』(브룩 보인턴 - 휴즈 글·그림, 나는별)에 등장하는 몰리는 두려움으로 가득 차 있다. 친구들과 어울리지 못하고 혼자 그림을 그리는 몰리는 자신의 그림을 쓰레기통에 버린다. 몰리의 그림 속에는 어두운 모습의 몬스터가 있다. 그 몬스터는 몰리를 계속 따라다니는 두려움의 실체다. 아이의 마음에 두려움이 커지면 몬스터는 새로운 몬스터를 데려온다. 몬스터들이 몰리를 계속 따라다니는 장면은 숨이 막힌다. 그 순간 몰리의 두려움은 절정에 달해 마치 뇌가 정전된 느낌이었을지도 모른다. 나는 이 장면에 자꾸만 마음이 간다. 임신 기간뿐만 아니라 늘 두려움에 휩싸이고 불안했던 내 마음을 찍어둔 사진 한 장 같다. 나는 아이에게 이 장면을 자주 보여주며 말한다. 언제든 두려움이라는 몬스터가 찾아올 수 있지만, 몬스터가 친구들을 다 데려올 정도로 두려움 덩어리를 크게 키우지는 말자고 말이다. 우리가 느끼는 불안은 실체가 없으며 부정적인 상상이 만들어낸 것뿐이다. 임신 기간과 일상 속에서 나의 두려움과 불안을 고스란히 전해받았을 아이에게 미안해진다.

두려움이 많은 딸에게 내가 선물할 수 있는 건 밝고 긍정적인 모습을 자주 보여주는 것이었다. 나는 딸을 위해서라도 긍정적인 관점을 갖기 위해 정말 많은 노력을 했다. 아이 앞에서는 더욱 환하게 웃고, 힘든 일을 최대한 긍정적으로 생각해볼 수 있도록 도왔다. 아이를 위해 시작한 긍정 연습은 나의 걱정과 불안을 몰아냈고 담대하게 세상과 맞설 용기를 주었다. 나는 종종 두 주먹을 쥐고 『일단 오늘은 나한테 잘합시다』(도대체 지음, 위즈덤하우스) 에 나오는 장면을 떠올리곤 한다.

불안한 마음이 들 땐 이렇게 중얼거리곤 합니다.
"뭐, 어쩔 수 없지."
이상하게도 이렇게 말하는 순간 마음이 훨씬 편안해지기 때문입니다.
"어쩔 수 없지! 어쩔 수 없다고!"
어쩐지 의기양양해집니다.
"어쩔 수 없는 걸 어쩌겠어!"

우리는 자녀를 양육하며 두려움과 불안에 자주 휩싸인다. 물론 강렬한 감정에 압도되면 자신을 통제하기 어려울 때도 있다. 하지만 엄마가 두려움과 불안에서 헤어나오지 못하는 순간, 옆에서 그 모습을 바라보는 아이가 있다. 원치 않게 나의 두려움과 불안을 아이에게 전해주었던 순간들을 떠올려보자. 그리고 아이에게 누구나 두려움을 느낄 수 있고, 엄마 또한 그렇다고 말하며 토닥여주자. 아이에게 두려움을 이겨낼 수 있는 용기를 줄 수 있을 것이다.

두려움은 잠시 흘러가는 구름과 같다. 그 구름이 흘러가고 난 자리에는 또 다른 감정의 구름이 다가온다. 때로는 구름이 모두 걷히고 파란 하늘만이 보일 때도 있다. 아이에게 두려움과 불안을 느끼게 했던 나의 언어 습관과 행동을 돌아보고, 언제든 찾아올 수 있는 나의 두려움과 인사하자.

　"두려움아, 안녕? 어서 와. 네가 너무 커지지 않게 너를 꼭 안아 주고 싶어. 우리 친구하자."

Mom's Mission

나의 두려움과 마주 서기

---

1. 내가 두려워하는 것들을 포스트잇에 적어보세요. 강아지, 벌레, 가난, 건강을 잃는 것, 소외감 등 무엇이든 괜찮아요. 자신이 무엇을 두려워하는지 알아봅니다

2. 두려움을 느낄 때 자신의 몸이 어떻게 변하는지 느껴봅니다. 몸이 경직되거나 하얗게 변하며 정전되는 듯한 느낌 등등 여러 반응을 알아차려 보세요.

3. 두려움을 느끼는 순간 나에게 이렇게 말하며 토닥여주세요. "이게 두려웠구나. 힘들었겠다."

4. 가벼운 스트레칭으로 두려움 때문에 경직되어 있던 몸의 긴장을 풀어주세요. 호흡에 집중하며 조금만 기다려보세요. 그리고 두려움을 이기고 환하게 웃고 있는 자신을 상상해보세요. 마음이 조금은 편안해질 거예요.

TIP 두려움을 인정하고 경직된 몸을 풀어주는 것만으로도 두려운 마음이 조금 작아질 수 있어요.

Plus Picture Book

두려움을 이해하는 그림책

어떡하지
앤서니 브라운 글·그림 | 웅진주니어

아이는 난생 처음으로 친구의 생일파티에 초대를 받습니다. 누구든지 첫 경험은 두려운 일이지요. 하지만 처음의 두려움을 잘 이겨낸다면, 다음에 찾아올 새로운 경험도 담대하게 잘 해낼 수 있다는 것을 알려주는 그림책입니다.

바늘 아이
윤여림 글 | 모예진 그림 | 나는별

윤이는 친구들과 함께 도랑 건너기를 해요. 하지만 도랑에 사는 괴물들 때문에 윤이는 도랑 건너기가 쉽지 않습니다. 작은 두 주먹을 꼭 쥐고 도랑을 건너는 윤이의 모습에서 두려움을 이겨내는 용기를 배울 수 있어요.

엄마의 분노가
네 마음에 가시를 만들었어

"엄마가 죽었으면 좋겠어!"

아들이 일곱 살 때 몇 달 동안 했던 말이다. 나는 아들이 너무 힘들었다. 아들 키우는 방법에 관한 책들을 모조리 사서 읽었고, 강의를 찾아가 듣기도 했다. 아들과 나는 모든 것이 엉킨 듯했다. 신이 왜 내게 이 아이를 보내셨을까 생각하며 신을 원망하기도 했다. 나에게 순종적이었던 딸과는 달리 아들은 늘 내가 그려놓은 상식의 선을 넘고 뒤흔들었다. 그 당시는 내가 아들의 행동을 유연하게 대처한다고 생각했지만, 지금 그 시절을 회상해보면 나는 전혀 그렇지 않았다. 나는 교육 전문가니까 다른 가정보다 아이를 더욱 잘 키워야 한다는 강박이 있었고, 그 강박이 만들어낸 분노는 아들에게 늘 불벼락으로 떨어졌다. 내가 알아채지 못했을 뿐, 분명 일곱 살 아들에게도 자신이 원하는 욕구가 있었을 것이다. 그러나 그 욕구들은 엄마가 정해놓은 상식에 매번 부딪혀 좌절되고, 아들 마음에는 분노가 점점 쌓였을 것이다. 아들은 언젠가부터 온몸에 가시를 두른 채 뾰족하고 따가운 말들을 하기 시작했다.

그중 나를 가장 아프게 한 말은 "엄마가 죽었으면 좋겠어!"였다. 저녁을 준비하고 있는 나를 보면서 "방금 엄마가 죽었으면 좋겠다고 생각했어!" 외출 준비를 다그치는 나에게 "또 방금 엄마가 죽었으면 좋겠다고 생각했어!"라고 했다. 수시로 "또 그 생각했어!"라는 말을 들으며 나는 아들을 사랑으로 품기 어려웠다. 아들의 반복되는 나쁜 말과 눈빛에서 나오는 가시들은 나에게 상처가 되었다. 상처받은 나는 똑같이 가시를 세운 모습으로 맞대응하며 아들을 무섭게 다그쳤다. 엄마가 죽었으면 좋겠다고 생각할 만큼 밉다는 말이었을 텐데, 왜 나는 그 마음을 헤아리며 사랑으로 품지 못했을까?

"이 녀석 진짜 못됐네! 어디서 그런 말을 해! 진짜 엄마 죽어버릴까!"

일의 스트레스로 내 마음에 아들을 수용할 만한 여유가 없었다고 변명하고 싶지만, 그때 나는 분명 성숙한 엄마의 모습이 아니었다. 물론 30대에 성숙한 엄마의 모습을 갖기란 쉽지 않다. 나이가 든 지금에야 여유롭고 지혜로운 마음으로 그 시기를 회상할 수 있는 힘이 생겼지만, 그때는 양육과 일을 병행하는 삶이 정말 벅찼다. 친정어머니가 적극적으로 도와주셨는데도 말이다. 자유분방한 아들을 받아주기엔 나는 너무 지친 상태였다.

하지만 아들을 수용하기가 힘든 가장 큰 이유는 따로 있었다. 나는 어린 시절 순종적이며 착한 아이였다. 나의 부모님은 지금까지도 그것을 자랑스럽게 여기시곤 한다. 그랬던 나와 달리 아들은 자유롭고 늘 손에 잡히지 않았다. 그런 아들의 모습을 보고 있으면 어린 시절 늘 순종적이던 나의 내면 아이가 나타나 일곱 살 아들과 무섭게 싸우기 시작했다. 대체 왜 엄마에게 순종적이지 않으냐며 말이다.

『가시 소년』(권자경 글, 하완 그림, 천개의바람)은 나를 향한 아들의 모습을 표현한 그림책 같다. 난 이 그림책을 강의 때 자주 소개하는데 소개할 때마다 가슴이 아려온다. 그 시절 잘 품어주지 못했던 아들을 보는 듯한 미안함 때문이다. 『가시 소년』에는 온몸에 가시가 있는 소년이 등장한다. 가시 소년은 불편한 상황에 놓이면 입에서 뾰족한 가시가 마구 튀어나간다. 그래서 그의 심기를 건드리는 사람들은 모두 가시에 찔려 울고 만다. 그렇지만 아이러니하게도 가시 소년이 읽고 있는 책은 '친구 만드는 방법'이다. 가시 소년은 사실 누군가와 마음을 나누며 좋은 관계를 맺고 싶었던 것이다. 나는 이 장면만 보면 눈물이 난다. 그때 아들은 내가 죽었으면 좋겠다는 말을 하면서 속으로는 '엄마 내 마음을 봐주세요. 저를 따뜻하게 안아주세요.'라고 외치고 있었던 것은 아닐까? 자신의 감정을 표현하는 방법을 몰랐던 어린 아이에게 나는 못난 가시 엄마처럼 굴고 말았다.

    그렇게 몇 달째 서로 가시를 주고 받으며 아들과 나의 상처가 깊어질 때쯤 남편은 회초리를 들었다. 일곱 살 아들의 종아리를 때리며 무섭게 혼을 냈다. 그날 이후로, 아들은 더 이상 내가 죽었으면 좋겠다고 하지 않았다. 아들 마음속의 분노가 해소되어서가 아니라, 아빠의 불호령이 너무 무서워서 더는 말하지 못했을 것이다. 아들은 그 말만 하지 않았을 뿐이지, 자신을 통제하려는 엄마를 향한 분노를 다른 방식으로 내뿜었다. 그래도 그 이후에 아들이 선택한 방법들은 내가 허용할 만한 행동이었나 보다. 그 시기 이후로는 아들의 태도가 덜 불편했으니 말이다. 그 시절 내 마음속에는 왜 이리 여유가 없었을까?

사람들의 마음에는 저마다 그릇이 하나씩 있다. 그릇에 부정적인 사고와 감정이 가득 담기면 분노가 되어 넘쳐흐르게 된다. 아이의 행동이 나의 상식에 꼭 맞아야 한다는 당위적 사고를 버릴 때, 엄마는 아이에게 덜 분노할 수 있다. 혹시 지금 너무 높은 상식의 선으로 엄마와 아이가 모두 힘들어하고 있는 것은 아닌지 점검할 필요가 있다.

• 나의 분노를 어떻게 달랠 것인가? •

아기 돼지 삼 형제 이야기는 전 세계적으로 잘 알려진 이야기다. 그래서인지 다양한 패러디 그림책이 많이 출판되었는데, 그 중 『아기 늑대 세 마리와 못된 돼지』(유진 트리비자스 글·헬렌 옥슨버리 그림, 시공주니어)의 반전이 단연코 인상적이다. 원전과 다르게 돼지가 악역을 맡았다. 못된 돼지는 아기 늑대들이 벽돌로 지은 집을 쇠망치로 무너뜨리고, 더 튼튼하게 콘크리트로 지은 집은 구멍 뚫는 기계로 부순다. 더 강한 철근, 강철판으로 지은 집은 다이너마이트로 폭파시킨다. 대체 돼지의 분노가 어디서부터 시작되었는지 알 수 없으나, 돼지의 내면을 꽉 채웠을 부정적 에너지를 생각하면 안타깝기만 하다.

그런데 폭력적인 돼지의 분노를 춤으로 바꾸는 놀라운 일이 벌어진다. 그 놀라운 일을 만든 건 바로 다름 아닌 꽃향기다. 못된 돼지가 꽃향기를 통해 분노를 가라앉히고 아기 늑대들과 평화롭게 지낸다는 이야기는 독자에게 반전을 가져다준다. 그 엄청난 분노가 꽃향기로 가라앉을 수 있다니! 우리는 모두 아이에게 상처 주고 싶지 않다. 하지만 때로는 주체할 수 없는 분노가 우리를 감쌀 때, 잔소리라는 드릴과 다이너마이트 같은 폭력적인 말들이 쏟아져 나오곤 한다. 분노를 쏟아놓은 그 자리에는 후회와 죄책감만 남는다는 사실을 알고 있음에도 말이다. 그동안 성숙하지 못했던 나의 분노 처리 방식을 돌아보면 상처받았을 아이와 힘들었을 나에게 미안할 뿐이다.

아이를 향한 분노를 가라앉히기 위해서는 자신이 왜 아이에게 분노하게 되었는지 생각해보아야 한다. 이유를 찾지 못하면 아이의 행동과 상황이 나를 화나게 했다고 착각할 수 있다. 하지만 분명 아이가 밥을 흘리고 먹어서, 약속을 지키지 않아서, 일찍 잠을 자지 않아서, 책을 읽지 않아서 화가 난 것만은 아닐 것이다. 분노는 자신을 지키기 위해 생기는 자연스러운 감정이다. 하지만 분노를 처리하는 방식이 매끄럽지 못했을 경우, 자신과 타인에게 상처를 줄 수 있다.

생각해보자. 엄마도 분노를 느끼며 얼마나 힘겨웠던가! 내 분노의 이유를 찾고 힘들었을 나를 달래주어야 한다. 그리고 상처받았을 아이에게 사과해야 한다. 엄마가 정해놓은 선으로 아이를 통제하려 했던 생각, 아이를 더 잘 키우고 싶었던 욕심, 그날의 컨디션, 엄마도 알지 못하는 어떤 불편함 때문에 화가 난 것이지 아이가 분노의 원인이 아니라는 것을 인정해야 한다.

분노는 개인이 가진 사고 체계에 따라 다른 결로 나타난다. 같은 상황에서도 엄마마다 분노의 포인트가 다르다. 종종 엄마가 아이의 행동에 자신의 관점대로 의미를 부여해서 분노를 만드는 경우가 있다. 그 사건을 바라보는 엄마의 사고가 분노의 핵심이다. 엄마는 자신의 사고 체계를 점검하고 분노를 폭발하듯 쏟아내는 상황을 줄여야 한다. 우리 아이는 나의 감정 쓰레기통이 아니다. 감정은 습관이다. 특히 분노가 습관화된 사람은 감정을 조절하기 힘들고 감정 회복력도 느리다. 무엇보다 작은 일에도 분노하는 감정 패턴을 대물림하게 되니 아이에게 부정적 영향을 주게 된다. 엄마는 뼈를 깎는 고통을 치르고서라도 부정적 감정 패턴의 대물림을 막아야 한다.

그러기 위해서는 자신의 분노 패턴을 알아야 한다. 2주간 아이에게 분노했을 때를 기록해보자. 아이와 지내며 어떤 상황에서 자주 화를 냈는지, 어떤 말과 행동을 자주 했는지를 파악하며 자신의 분노와 마주 서고, 그것을 고치기 위해 조금씩 노력해야 한다. 습관적인 분노로 경직되어 있던 내 마음을 따뜻하게 안아주고 달래주는 시간이 필요하다.

　못된 돼지를 온화하게 만들어준 꽃향기처럼 우리의 몸과 마음을 유연하게 만들어줄 방법은 무엇이 있을까? 실제로 좋은 향기뿐만 아니라 음악 듣기, 마음챙김 명상, 마사지 등이 분노를 달래주는 데 도움이 된다. 덜 분노하는 엄마가 되기 위한 노력은 아이를 위한 훌륭한 감정 수업이 된다.

Mom's Mission

분노를 가라앉히는 마음챙김 호흡

---

1. 편안하고 조용한 공간에 앉아 눈을 감습니다. 어깨를 귀에 닿을 만큼 으쓱하고 올렸다가 툭 떨어트립니다.

2. 주먹을 꽉 쥐고 온몸에 힘을 5초간 주었다가 천천히 주먹을 폅니다. 이런 움직임을 통해 경직되었다가 이완되는 몸의 상태를 크게 느낄 수 있습니다.

3. 허리는 반듯하게 세우고 어깨는 자연스럽게 내립니다. 좋아하는 것들을 상상하며 숨을 들이마십니다. 이때 입꼬리는 살짝 당겨 올려줍니다.

4. 들이 마신 상태에서 잠깐 호흡의 멈춤을 느끼고 편안히 내쉽니다. 반복하며 호흡의 길을 따라 편안히 숨을 쉽니다.

5. 화가 날 것 같으면 짧게라도 호흡에 집중하여 분노를 지연시키는 연습을 합니다. 이때, 나의 몸에 돋아난 가시들이 서서히 사라지는 상상을 하며 나의 분노를 달래줍니다.

TIP 아이와 함께 호흡하며 몸과 마음을 이완시키는 연습을 하면 더욱 좋습니다.

Plus Picture Book

분노 이해를 돕는 그림책

나 진짜 화났어
폴리 던바 글·그림 | 비룡소

화가 났을 때 분노를 가라앉히는 호흡법이 구체적으로 잘 표현되어 있어요. 호흡을 통해 몸과 마음을 이완시키는 방법을 잘 이해할 수 있습니다.

누군가 뱉은
경자 글·그림 | 고래뱃속

검댕이들은 분노하는 사람들의 머릿속으로 들어가 입으로 나옵니다. 그리고 상대방의 얼굴로 착지하는 놀이를 해요. 분노의 말들이 타인에게 어떤 슬픔을 주는지 보여주는 그림책입니다.

짜증스러운 잔소리로
내 마음 문을 닫게 했어

아들은 목청이 크다. 움직임은 또 얼마나 큰지 어릴 적 놀다 보면 집안 살림을 망가트리기 일쑤였다. 어느 순간부터 나는 아들에게 잔소리하는 것이 일상이 되었다. 아들의 큰 목소리와 나와 다른 성향에서 보여지는 행동들이 늘 불편했기 때문이다. "집에서 뛰면 안 된다." "물건 소중히 다루라고 했지." "장난감 정리해야지." "밥은 깨끗이 먹어야지." "좀 작게 말해라." 등등 나는 쉴 새 없이 아들에게 잔소리를 했다.

그러던 어느 날, 아들이 다섯 살 때였다. 주방에서 말썽을 피운 아들에게 잔소리를 하고 있는데 아들이 내 얼굴을 빤히 쳐다보며 말했다.

"엄마! 못생겼어!"

순간 모든 것이 정지된 듯했다. 나는 잔소리를 하던 그 표정을 그대로 멈추고 거울에 비친 내 얼굴을 바라보았다. 정말이지 아들 표현대로 못생긴 표정이었다. 나는 가슴이 철렁 내려앉았다. 이런 표정으로 하는 잔소리가 아들 귀에 잘 들릴 리가 없었다. 지금도 가끔씩 내가 잔소리하고 있다는 것을 자각하면 그대로 멈추고 거울을 본다. 그럼 어김없이 미간을 찌푸린 채, 팔자 주름이 지고 화가 덕지덕지 붙은 얼굴이 보인다. 정녕 나는 이런 얼굴로 사랑하는 아이에게 잔소리를 하고 있었단 말인가?

잔소리는 쓸데없이 자질구레한 말을 늘어놓거나, 필요 이상으로 듣기 싫게 꾸짖고 참견한다는 뜻을 담고 있다. 사실 엄마의 잔소리에는 아이를 향한 불편함이 가득 담겨 있다. 상황을 지켜보다가 참지 못하고 던지는 말이기 때문이다. 그러다 보니 잔소리를 하는 엄마의 표정과 어조는 다정하지 않다. 당연히 아이는 그런 짜증스러운 엄마의 말투를 수용하지 않는다. "지나가는 아줌마가 너에게 이런 이야기를 해주겠니? 엄마가 너를 사랑하니까 이런 이야기도 해주는 거야. 알겠어?" 엄마는 잔소리를 끊임없이 정당화하려 한다.

· 잔소리의 목적을 찾아서 ·

분명 잔소리의 목적은 아이의 잘못된 행동을 바로잡아 반복하지 않도록 하기 위해서다. 물론 잘못된 행동이라는 판단은 엄마의 가치 기준에 따라 조금씩 다르다. 엄마는 그 가치를 엄마의 말에 곱게 담아 아이 마음이라는 목적지에 잘 도착하게 해야 한다. 그렇지 않으면 엄마의 사랑이 담긴 말이 훼손될 수 있다. 그러기 위해서는 우선 엄마가 말하는 삶의 가치를 먼저 점검해보아야 하지 않을까?

내 아이가 성장했을 때 어떤 사람이 되기를 원하는지 생각해보자. 다른 사람에게 피해 주지 않는 사람, 자기 밥벌이를 잘 해내는 사람, 힘든 이웃을 돌볼 수 있는 사람, 자신이 하고 싶은 일을 하며 행복하게 사는 사람, 사회적으로 성공한 위치에 있는 사람, 경제적 여유를 갖고 있는 사람 등등 엄마는 자신이 생각하는 가치대로 성공한 자녀의 삶을 그리게 된다. 엄마가 생각하는 가치에 따라 잔소리의 내용과 결이 달라진다. 내가 하는 잔소리가 아이의 건강한 성장을 위한 밑거름이 되기를 바란다면 항상 목표를 점검해야 한다. 더불어 엄마의 말을 부드러운 결로 다듬어 아이에게 스며들 수 있도록 해야 한다.

『사자도 꼼짝 못하는 우리 엄마』(천미진 글, 고원주 그림, 키즈엠)의 엄마 여우는 최강의 잔소리꾼이다. 등교 전 아기 여우에게 머리는 잘 빗어야 하고, 발톱은 바짝 깎아야 하며, 옷은 단정히 입어야 한다고 말한다. 그리고 머리를 2 대 8 가르마로 빗어준다. 아기 여우는 마음에 들지 않지만, 엄마 여우는 아주 만족스럽다. 아침 식사를 하는 동안 엄마 여우는 자신이 정성스럽게 만든 호두파이를 남기지 말고 꼭꼭 씹어 먹고, 우유도 좀 마시라고 잔소리한다. 아기 여우는 엄마의 잔소리에 크게 저항하지 못하고 자신도 다 안다며 뾰로통하게 말할 뿐이다. 엄마 여우는 등교하는 아기 여우에게 선생님 말씀을 잘 듣고, 친구들이랑 싸우지 말라고 당부한다. 아기 여우는 엄마의 말이 더 길어질까 봐 얼른 집을 나선다. 아침부터 따발총 같은 여우 엄마의 잔소리는 같은 엄마가 보기에도 엄청나다.

　잔소리에는 엄마가 중요하게 생각하는 가치가 담겨 있다. 엄마 여우는 단정하고 깨끗한 외모를 중요시하므로 옷과 머리를 단정히 하라고 하며 아기 여우의 머리를 빗어준다. 그게 아기 여우의 마음에 드는지는 고려하지 않고 말이다. 또 건강한 먹거리를 먹이고자 아침부터 정성스럽게 호두파이를 굽는다. 아침 식사를 든든히 먹기를 바라는 마음에 이런저런 잔소리를 한다. 그리고 학교에서 성실하고 인정받는 학생이길, 선생님 말씀을 잘 듣길, 친구들과도 싸우지 않길 바라며 잔소리에 엄마가 생각하는 삶의 가치를 심어주려고 한다.

그러나 아기 여우는 그 가치를 담아주려 하는 엄마의 잔소리가 힘들기만 하다. 엄마가 중요하게 생각하는 삶의 가치를 아이에게 강압적으로 심어주려고 하는 잔소리는 폭력에 가깝다. 현명하게 잔소리하기 위해서는 먼저 엄마의 가치관과 교육관이 잘 정립되어야 한다. 그래야 잔소리가 아이를 위한 말이 되어 제 역할을 수행할 수 있다.

"아침 식사는 오전 활동에 에너지를 준단다." "사람은 혼자 살 수 없거든. 주변 사람들과 관계를 잘 맺고 서로 이해하며 사랑을 나누는 것은 우리를 행복하게 한단다."

『사자도 꼼짝 못하는 우리 엄마』에 등장하는 엄마의 잔소리에 숨겨진 삶의 가치들이다. 물론 이렇게 말한다고 아이가 바로 엄마 말의 가치를 이해하고 순응하며 행동이 변하는 것은 아니다. 하지만 흔들리지 않는 교육관을 정립한 엄마라면 아이의 삶을 바로 세우는 아름다운 잔소리를 할 수 있을 것이다.

잔소리에는 아이를 잘 키우고 싶다는 소망이 담겨 있다. 하지만 사랑에서 비롯된 관심이 지나치면 간섭이 되고 결국 통제로 끝나게 될 수도 있다. 무엇보다 잔소리로 아이를 통제하다 보면 아이 스스로 생각하고 판단하는 문제 해결력이 떨어진다. 『사자도 꼼짝 못하는 우리 엄마』의 아기 여우가 엄마가 해준 머리 스타일이 마음에 들지 않는데도 저항하지 못하고 등교하는 것처럼 말이다.

엄마의 낮은 자존감이나 자녀 양육의 불안감이 잔소리의 원인일 수도 있다. 엄마의 부정적인 상상이 앞서 불안해지니 자신도 모르게 아이에게 잔소리를 반복하는 것이다. 말투는 거칠게 표현되고, 불안은 분노로 변질된다. 짜증스러운 말투가 아이에게 효과적으로 전달될 리 만무하다. 아이를 위해 시작한 잔소리가 아이에게 언어폭력이 될 수 있다. 엄마의 말이 아이에게 고통만을 주고 관계를 악화시킨다면, 잔소리에는 분명 기술이 필요한 것이다.

· 아름다운 잔소리의 세 가지 요건 ·

어떻게 하면 일방적인 잔소리가 아닌 서로 성장하는 대화를 나눌 수 있을까? 잔소리가 아이에게 효과적으로 전달되게 하려면 세 가지를 기억해두자.

첫째, 잔소리의 목적을 정확하게 알고 있어야 한다. 잔소리를 통해 나는 아이의 어떤 변화를 원하고 있는가 생각해보자. 예를 들어 "꼭꼭 씹어 먹어야지. 우유도 좀 마시고."라는 여우 엄마의 잔소리에는 어떤 의미가 있을까? 균형 잡히고 건강한 식습관에 대해 알려주고 싶은 엄마의 뜻이 있을 것이다. 목적을 알면 이에 맞는 어조와 내용으로 말할 수 있게 된다.

둘째, 자신의 감정을 잘 조절해야 한다. 잔소리에 엄마의 부정적인 감정이 섞이게 되면 아이에게 전염되고, 엄마가 하고 싶었던 말의 핵심은 사라진다. 특히 내향적이거나 자존감이 낮은 아이를 위축시킬 수 있다.

셋째, 짧고 명확하게 말한다. 나도 모르게 했던 말을 반복하며 장황하게 이야기할 때가 많다. 이런 잔소리는 아이를 질리게 만든다. 간단명료할수록 아이가 잘 기억한다. 한 상황에 한 가지의 내용만 이야기하도록 한다.

참 어려운 일이지만, 아이를 키울 때는 늘 역지사지의 자세를 가져야 한다. 엄마도 완벽하지 않은데 아이에게 완벽을 강요하며 너무 엄격한 기준으로 몰아세우지는 않는가? 누군가 내 행동을 교정하려고 쉴 새 없이 잔소리한다고 생각해보자. 숨이 턱 막힐 것이다. 아이에게 하고 싶은 말이 있거든 감정에 치우치지 말고 즉시 짧게 해야 한다.

Mom's Mission

잔소리 노트 만들기

----

1 아이에게 자주 하는 잔소리를 생각해보고 준비한 노트에 적어봅니다. 잘 생각나지 않으면 아이에게 물어보세요. 어쩌면 아이가 더 잘 알고 있을지도 몰라요.

2 각각의 잔소리 옆에 그 말을 아이에게 한 이유와 전하고 싶었던 삶의 가치를 적어보세요. 생각나지 않는다면 억지로 이유를 만들지 않아도 괜찮아요.

3 잔소리할 때 나의 표정과 말투를 생각해보고 아이에게도 물어봅니다. 부드러운 말투와 온화한 표정으로 말하는 자신을 상상해보세요.

TIP 잔소리에 부정적인 감정을 담지 않기로 다짐합니다.

Plus Picture Book

잔소리가 담긴 그림책

판다의 딱풀
보니비 글·그림 | 북극곰

아기 판다는 엄마의 잔소리 때문에 마음대로 놀 수가 없어요. 결국 아기 판다는 잔소리를 막기 위해 엄마 판다에게 립스틱을 주는 척 딱풀을 건넵니다. 잔소리 때문에 입이 붙어버린 엄마는 과연 어떻게 될까요? 잔소리가 싫은 아이의 마음을 이해할 수 있는 그림책이에요.

알사탕
백희나 글·그림 | 책읽는곰

어느 날, 동동이는 동네 문방구에서 크기와 모양이 다양한 알사탕을 한 봉지 삽니다. 집으로 돌아와 알사탕 한 알을 먹자 신기하게도 마음의 소리가 들리기 시작해요. 집 소파와 강아지, 단풍의 속마음까지도 들리죠. 동동이는 아빠의 속마음을 듣고 잔소리 안에 가득한 사랑을 느낍니다.

다른 아이와 비교해서
너를 슬프게 했어

"검은 고양이와 흰 고양이 중 한 마리를 키우게 된다면, 어떤 고양이를 자신의 반려묘로 맞이하실 건가요?"

어느 날 강의 중에 이런 질문을 했다. 그랬더니 80퍼센트 정도의 사람들이 흰 고양이를 선택했다. 깨끗해보여서, 더 사랑스러워서, 보고 있으면 마음이 편안해져서 등이 그 이유였다. 실제로 2015년, 영국 동물학대방지협회에서는 보호소에 수용된 고양이의 70퍼센트가 검거나 검은 바탕의 색을 가진 고양이라고 밝혔다. 색에 대한 편견이 존재하기 때문이다.

검은색은 신비, 권력, 우아함을 뜻하기도 하지만 억압, 공포, 죽음 등을 상징하기도 한다. 중세시대 검은 고양이는 악마, 마녀와 동일시되며 불행의 상징이었다. 윈스턴 처칠 Winston Leonard Spencer-Churchill 은 자신의 우울증을 '검은 개 Black Dog'라고 부르기도 했다.

지금은 검은 동물에 대한 편견들이 줄어든 듯하지만, 부정적인 시선은 여전하다. 미국과 영국에는 '검은 고양이의 날 Black Cat Day'이 있다. 검은 고양이가 다른 고양이들보다 보호 시설에 머무는 기간이 좀 더 길기 때문이다. 그래서 이날 고양이 보호소들은 검은 고양이의 입양 수수료를 대폭 낮춰 입양을 장려하고, 인식 제고를 위해 다양한 노력을 한다.

『흰 고양이 검은 고양이』(기쿠치 치키 글·그림, 시공주니어)에는 사이가 좋은 흰 고양이와 검은 고양이가 등장한다. 두 고양이는 서로의 털 색깔을 좋아하며 항상 나란히 붙어다닌다. 어느 날 수풀에서 놀고 있는 둘을 보며 메뚜기가 흰 고양이는 초록색으로 물들어 예쁜데 검은 고양이는 그냥 새까맣다고 말한다. 또 흙장난을 하며 노는 두 고양이에게 생쥐가 다가와 흰 고양이는 갈색으로 물들어 예쁘고, 검은 고양이는 그냥 새까맣다고 말한다. 두 고양이 앞에 주변 인물들이 계속 등장하고, 그들은 흰 고양이의 털을 칭찬하면서 검은 고양이와 비교한다.

어느 날 두 고양이는 밤 산책을 한다. 어둠에 묻힌 검은 고양이의 모습이 보이지 않자 흰 고양이는 검은 고양이를 부른다. 하지만 검은 고양이는 대답하지 않는다. 왜 대답하지 않았을까? 검은 고양이는 계속된 비교로 자신도 모르게 열등감을 갖고, 흰 고양이와 함께 있는 것 자체가 불편했을 것이다. 흰 고양이는 검은 고양이에게 털에 대한 어떤 말도 하지 않았는데 말이다. 반복된 비교로 힘들었을 검은 고양이가 참 안타깝다.

어린 시절 형제나 친구와 비교당한 경험이 있을 것이다. 누군가와 비교되는 상황에 놓이는 일은 참 힘들다. 아무리 자존감이 높다 하더라도 계속해서 비교되다 보면 부정적 생각이 커질 수밖에 없다. 강의 때 엄마들에게 우리 아이가 검은 고양이의 입장이라면 어떻게 헤쳐나가기를 원하는지 질문한 적이 있다. 엄마들은 모두 낯빛이 어두워지더니 생각하기도 싫다며 고개를 저었다. 엄마는 아이가 주변 사람들에게 휘둘리지 않기를 바란다. 주변의 평가에 일희일비하지 않는 단단한 내면을 가진 아이로 키우기 위해서는 엄마의 양육 태도가 중요하다. 자존감을 무너뜨리는 말, 다른 아이와 비교하는 말을 자주 들은 아이는 주변인들의 평가에 위축되고 휘둘리기 쉽다.

매번 비교와 평가를 반복하는 엄마는

"너는 세상에 단 하나뿐인 특별한 아이야. 다른 아이와 비교할 수 없어."

엄마는 이렇게 말하면서도 자꾸만 다른 집 아이에게 곁눈질을 한다. 습관적으로 아이를 다른 아이와 비교하는 엄마는 자신이 아이에게 상처를 주는 줄도 모를 때가 많다. 영유아기에는 신체 성장 속도, 한글 습득 시기, 외모 등을 비교하고, 학교에 입학하면 사회성, 학습 능력, 운동 능력, 외모 등을 비교한다. 성인이 된 후에도 비교는 끝나지 않는다. 어느 대학을 갔으며, 어떤 직업을 갖게 되었고, 누구와 결혼했는지 등등 말이다. 여러 면에서 우수한 옆집 아이를 보면 엄마는 질투가 스멀스멀 올라온다. 왜 점점 다른 집 아이와 격차가 벌어지는 것처럼 느껴질까? 엄마가 이런 생각에 사로잡히는 순간, 아이는 검은 고양이가 되는 것이다. 아이는 엄마의 비교와 평가를 통해 자책감과 수치심을 느낀다. 엄마는 아이가 검은 고양이처럼 되지 않기를 바라면서도 비교와 평가를 반복하고 또 반복한다.

아들이 10개월부터 한 발짝씩 걷자, 나는 의사 선생님에게 걷는 시기와 두뇌와의 연관성을 물었다. 남들 다 하는 일인데 먼저 걷는 게 무슨 의미가 있냐며 웃으시던 의사 선생님 말씀에 나는 너무 낯이 뜨거웠다. 운동회에서 계주에 나간 아이 뒤로 바짝 다른 아이가 쫓아오니 더 빨리 뛰라며 소리쳤다. 100점을 맞아온 아이에게 100점 맞은 친구들이 몇 명이냐는 질문만은 하지 말아야지 하면서도 눈을 질끈 감고 말해버리고, 회장 선거에서 당선된 아이와 떨어진 친구와의 큰 득표 격차를 듣고 더 기뻐했다. 역시 우리 아들, 딸이라며 격하게 칭찬했다. 이 모든 건 우리 아이가 다른 아이와의 경쟁에서 더 우위에 서야 한다는 생각에서 나온 말과 행동이었다. 그러면서도 다른 아이와 비교하지 않는 듯이 "너는 세상에 하나 밖에 없는 특별한 아이야."라고 말하니, 나의 태도는 참으로 이율배반적이었다. 가끔은 무의식적으로 다른 아이의 소식에 귀를 기울이거나 비교하고 있는 나의 모습에 순간순간 화끈거린다. 그때마다 어둠 속에 숨어 있는 검은 고양이의 모습을 떠올리려 노력한다. 제발 정신 차리고, 아이가 지금 어떤 모습을 하고 있을지 생각해보라고 나에게 말한다.

 영화 〈4등〉에는 수영 대회에 나가기만 하면 4등을 하는 초등학생 남자아이가 등장한다. 엄마는 매번 4등을 하는 아들을 보며 나가서 굿이라도 해야겠다고 남편에게 화풀이한다. 아이의 표정은 늘 어둡다. 감독에게 맞으며 훈련을 받은 아이는 다음 수영 대회에서 2등을 한다.

하지만 그 과정이 힘겨웠던 아들은 결국 수영을 그만둔다. 목표는 이루었을지 모르지만, 다른 선수들과 비교당하며 체벌까지 견디고 훈련하는 과정은 힘겨웠을 것이다. 엄마는 아이 아빠에게 자신은 아들이 맞는 것보다 4등을 하는 게 더 무섭다고 말한다. 4등이면 아들의 존재 가치가 의미 없는 것인가? 꼭 수단과 방법을 가리지 않고 입상해야 하는가? 그것을 성취하기 위해 자존감이 무너지고 상처받은 아픔은 아이 마음속에 겹겹이 쌓여 있다가 다른 방향으로 분출된다. 비교로 인한 낮은 자존감, 수치심 등은 우리 아이가 건강하게 성장하는 데 큰 걸림돌이 된다는 사실을 잊어서는 안 된다.

『흰 고양이 검은 고양이』는 누군가의 비교로 마음이 힘겨울 때, 관점과 태도를 바꿔 자존감을 회복할 수 있도록 도와주는 그림책이다. 아이와 검은 고양이의 마음을 헤아려주고 비교의식에서 자유로워지는 방법들을 같이 고민해보는 시간은 아이가 누군가와 비교되는 상황에 놓이게 되었을 때 좀 더 지혜롭게 대처할 수 있는 연습이 된다. 아이가 타인과 자신을 비교하지 않으며 스스로 사랑하는 마음을 가질 수 있도록 도와야 한다. 현 교육 제도 안에서 검은 고양이인 채로 살아가는 수많은 우리 아이들을 위해서 말이다.

아이들은 내면에 저마다 특별한 보석을 가지고 있다. 그 보석의 가치는 알아주는 이가 있을 때 더욱 빛난다. 다른 아이가 가진 보석에 넋을 놓고 구경하지 말자. 각자가 가진 보석은 결코 비교할 수 없다.

Mom's Mission

자기 사랑 연습

---

1. 자신이 느끼는 열등감에는 어떤 것들이 있는지 생각해보세요. 신체, 학력, 집안, 성격, 경제력 등 다양한 열등감이 있을 수 있어요.
2. 자신의 열등감을 그대로 인정하며 자신에게 말해보세요. "이런 부분이 부족하다고 생각하는구나."
3. 눈을 감고 타인과 비교되어 상처받았던 자신을 토닥여주세요.
4. "나는 내 모습 그대로를 사랑한다!" 라고 자신에게 크게 외쳐보세요. 자존감이 높은 엄마로 성장할 수 있을 거예요.

TIP 다른 사람과 비교하지 않으며 자신에게 집중하는 연습을 해보세요. '과거의 나'와 '지금의 나'를 비교하며 조금씩 성장하고 있는 자신의 모습을 기대하고 응원해주세요.

Plus Picture Book

다른 사람과 자꾸 비교하게 될 때 보는 그림책

당나귀 덩키덩키
로저 뒤바젱 글·그림 | 시공주니어

덩키덩키는 물에 비친 친구와 자신의 모습을 봅니다. 친구의 모습은 예뻐 보이고, 자신의 모습은 우스꽝스러워 보여요. 덩키덩키가 친구들과 자신을 비교하지 않고, 나다움을 찾는 모습을 통해 자기 사랑을 이해할 수 있도록 도와줍니다.

미어캣의 스카프
임경섭 글·그림 | 고래이야기

멀리 여행을 떠났던 미어캣은 목에 빨간 스카프를 두르고 돌아옵니다. 그리고 똑똑하고 사냥을 잘하는 미어캣만 빨간 스카프를 두르고 있다고 말하지요. 다른 미어캣들은 자신도 빨간 스카프를 두르고 싶어서 열심히 사냥합니다. 무작정 타인을 추종하는 모습을 풍자하는 그림책입니다.

CHAPTER 02

자신을 사랑하는 아이, 자존

너만의 이야기를
가지고 있어야 한단다

2021년 도쿄올림픽에서 김제덕 선수가 양궁 2관왕에 올랐다. 대한민국 팀의 첫 금메달이었으며, 올림픽 남자 양궁 사상 최연소 금메달리스트라는 기록도 세웠다. 경기마다 호랑이처럼 포효하며 "파이팅!" 하고 외치는 모습은 고등학생이 가질 수 있는 집중력과 정신력 그 이상이었다. 나는 그의 이야기가 너무 궁금했다. 어떻게 양궁을 시작하게 되었는지, 어떤 성격인지, 가정 환경은 어땠는지, 어떤 조력자들이 있었는지 등등 말이다. 검색창에 김제덕 선수의 이름을 검색하자 각종 매체에서 인터뷰한 내용들이 올라와 있었다. 어릴 적 양궁 신동으로 SBS의 〈영재발굴단〉에 출연했었다는 이야기, 부모님의 이혼 이야기, 할머니와 할아버지가 키워주신 이야기, 홀로 아픈 아버지를 모시는 소년 가장이라는 이야기, 부상으로 고생했던 이야기, 경기 중 큰 소리로 파이팅을 외치는 이유 등등 세계 최고가 된 김제덕 선수의 놀라운 비화가 많았다. 그 이야기로 사람들은 김제덕 선수에 관해 더욱 잘 알게 되었고, 비슷한 상황에 놓인 이들은 희망과 용기를 얻었다.

어려운 환경에서도 꿈을 포기하지 않았던 사람들을 만나면 그 사람의 이야기가 궁금해진다. 사람들은 모두 자신만의 특별한 이야기를 가지고 있다. 그러므로 어릴 때부터 아이가 경험한 일들을 특별한 이야기로 만들어주는 엄마의 센스가 필요하다. 어떻게 하면 자신만의 이야기를 가진 아이로 자랄 수 있을까?

· 이야기를 좋아하는 우리 ·

우리는 이야기하거나 듣는 것을 좋아한다. 자신이 알고 있는 이야기를 전하면서 즐거워하고, 다른 사람의 비밀스러운 이야기를 궁금해하기도 한다. 그건 인간의 본능이다. 그리고 세상의 많은 이야기 중에서 어떤 이야기를 좋아하는지는 한 사람의 가치관에 큰 영향을 미친다.

미국 작가 오 헨리O. Henry의 작품 『마지막 잎새』에서 폐렴에 걸린 주인공 존시는 창밖의 담쟁이덩굴의 잎이 모두 떨어지면 자신도 죽을 것이라 믿는다. 이를 알게 된 늙은 화가 베어먼은 존시 몰래 떨어지지 않는 잎을 그려 넣어준다. 존시는 창밖 덩굴에 붙어 있는 마지막 잎새를 보며 희망을 품고 스스로 병을 이겨낸다. 존시는 스스로 창밖의 잎에 가상의 이야기를 만들고 이를 통해 자신의 생과 사를 믿게 된 것이다. 이처럼 우리는 자신이 만들어낸 이야기를 통해 세상을 바라보고 평가하며 삶의 기준을 정한다. 긍정적인 이야기를 통해 세상을 바라보는 사람은 세상을 행복하고 희망이 있는 곳으로 보지만, 반대의 경우는 세상에 대한 불평불만으로 가득한 사람이 된다. 엄마는 아이가 존시처럼 힘겨운 상황에서도 스스로 희망의 이야기를 만들고 삶의 의지를 갖기를 바란다. 아이가 일상에 자신만의 스토리를 담고, 당당하게 세상을 살아가기 위해서는 엄마의 노력이 필요하다.

· 이야기를 품은 아이로 키우기 ·

나만의 이야기를 품은 아이로 키우려면 우선 엄마가 이야기에 관심이 많아야 한다. 엄마는 아이에게 들려주면 좋을 다양한 이야기를 기억해두면 좋다. 좀 더 구체적으로 적용할 수 있는 방법을 알아보자.

첫 번째는 아이에 관한 이야기를 엄마가 자주 들려주는 것이다. 아이에 관한 이야기를 가장 잘 아는 사람은 엄마다. 임신한 순간부터 지금까지 아이와 가장 가까운 사람이기 때문이다. 사소한 일화라도 그림책을 읽어주듯이 이야기해주면 된다. 아이는 자신과 관련된 이야기 듣기를 정말 좋아한다. 엄마의 어릴 적 이야기를 들려주는 것도 좋은 방법이다. 이렇게 아이의 이야기를 앨범에 정리하듯 차곡차곡 모으면 아이가 자신의 정체성을 확립하는 데 도움을 준다.

나는 아이들에게 출산 이야기를 자주 들려준다. 딸을 낳을 때 상황이 좋지 않아 유도 분만을 했다. 그래도 자궁 문이 열리지 않아 결국 제왕절개로 출산했다. 딸은 엄마 뱃속이 좋았는지 나오지 않으려고 위쪽으로 자꾸만 올라가서 의사 선생님을 힘들게 했다. 힘겹게 세상 밖으로 나온 딸이 어찌나 크게 울던지 의사 선생님은 "너처럼 악을 쓰며 크게 우는 아기는 근자에 처음 봤다!" 하고 말하셨다. 나는 딸에게 태어난 날의 이야기를 들려주며 엄마 뱃속이 그렇게도 좋았냐고 물어보았다. 그리고 슬프고 힘든 날에는 태어났을 때처럼 마음껏 울어도 괜찮다고, 그렇게 좋아하던 엄마 배에 얼굴을 묻고 편히 쉬라고 말해준다. 반대로 힘없이 울며 태어난 아들에게는 지금은 크고 우렁찬 목소리를 가진 아이가 되었다며 격려해준다. 출산 이야기를 시작하면 남편도 옆에서 거든다. 자신은 몇 시간 동안 울지 않아서 어머니를 걱정시켰다는 것이다. 이런 이야기는 잊을 만할 때쯤 다시 꺼내어 말해도 재미있다. 나만의 이야기이기 때문이다. 이때 태어나는 순간을 담은 그림책을 함께 읽어주면 아이의 기억에 더욱 깊이 새겨진다. 이야기를 통해 아이는 자신을 이해하고, 엄마와의 유대관계를 더욱 돈독히 하며, 세상 속에 살아가는 자신의 모습을 의미 있게 그려낼 수 있다.

두 번째는 아이가 자신의 이야기를 만드는 경험을 해보는 것이다. 아들이 5학년 때 전교 부회장 선거에 나가고 싶다며 신청서를 들고 왔다. 나는 부회장 선거에 나가는 건 좋은 경험이지만, 준비해야 할 것들이 있다고 알려주었다. 먼저 정성을 다해 연설문을 준비하고 연습해야 한다고 했다. 아이가 연설문을 연습하며 부회장 선거에 나가는 의미를 생각해보길 원했다. 또 준비가 힘들고 짜증이 나더라도 자신이 선택한 일을 책임감 있게 해내길 바랐다. 물론 그렇게 열심히 준비한 부회장 선거에서 떨어지면 속상하겠지만, 삶을 배워가는 과정이라 생각하며 응원했다.

먼저 아들과 함께 연설문의 이야기를 작성했다. 아들의 강점을 하나씩 정리하며 그 강점으로 친구들에게 어떤 도움을 주고 싶은지 물어보았다. 아들의 강점은 긍정적인 사고와 유머였다. 아들은 친구들에게 웃음을 전달하고, 학교를 밝고 웃음이 가득한 곳으로 만들고 싶다는 말을 했다. 그 말에 힌트를 얻어 우리가 만든 첫 번째 공약은 '미소 맨, 웃음 배달부'였다.

나는 아들에게 『멀리멀리 퍼지는 웃음』(카렌 코프먼 올로프 글, 루치아노 로자노 그림, 키즈엠)이라는 그림책을 보여주었다. 책 속의 아이가 웃으면 엄마는 아이를 따라 미소 짓는다. 엄마의 미소는 선생님에게 전달되고, 선생님의 미소는 학생에게 전달된다. 계속 전달되던 웃음은 마지막에 처음 엄마를 웃게 했던 아이에게로 다시 전해진다. 나는 그림책에서 처음 웃음을 전했던 아이처럼 아들이 학교를 밝게 만들었으면 좋겠다고 말했다. 아들은 웃음 배달부라는 말이 너무도 마음에 들었나보다. 매 학년마다 임원 선거에서 계속 웃음 배달부로 자신을 소개하는 것을 보면 말이다. 분명 그림책 덕분에 오랫동안 각인되었을 것이다.

당시 기호 3번이었던 아들과 숫자 3에 입힐 이야기를 고민하기도 했다. 3에 대한 강렬함이 전교생들에게 남도록 말이다. 아들과 나는 '가위바위보 게임은 삼세판' '아기돼지 삼형제에서 늑대를 물리친 지혜를 발휘한 것은 셋째 돼지' '은혜 갚은 꿩에서 선비를 도와준 까치가 울린 종의 횟수는 세 번'이라는 것을 발견했다. 그래서 우리는 지혜로운 사람이 선택할 숫자는 3번이라는 이야기를 만들었다. 운이 좋게도 아들은 전교 부회장 선거에 당선이 되었다. 그 후 아들은 숫자로 이야기를 만드는 것에 유연한 사고를 갖게 되었다. 연설문에 담긴 이야기를 만들어본 경험 덕분일 것이다.

그림책 이야기는 시간과 공간을 넘나들며 아이의 상상력을 자극한다. 특히 아이는 자신과 비슷한 상황에 처한 주인공을 만나면 엄청난 쾌감을 느낀다. 그러므로 엄마는 그림책 이야기를 일상에 접목시켜 아이와 대화해주는 것이 좋다. 예를 들어, 주인공이 구름으로 옷을 만드는 이야기인 『구름으로 만든 옷』(마이클 캐치풀 글, 앨리슨 제이 그림, 키즈엠)을 아이와 함께 읽었다면, 하늘의 구름이 탐스럽고 아름다운 날 아이에게 자연스럽게 책 이야기를 꺼내며 연결시켜준다.

"하늘의 구름을 보니까 구름으로 만든 옷 이야기가 떠올랐어. 너도 기억하고 있지? 엄마도 주인공처럼 저기 고래 모양의 구름으로 예쁜 드레스를 만들고 싶네. 구름으로 또 뭘 만들면 좋을까?"

이렇게 자연스럽게 일상에 그림책의 이야기를 더하면 된다. 그러면 아이들은 일상을 더욱 풍요롭고 상상이 가득한 세상으로 바라볼 수 있게 된다. 더불어 세상을 아름답게 바라보는 힘까지 얻을 수 있다. 그림책뿐만 아니라 다른 매체를 활용해도 좋다. 가정 환경이 어려운 아이를 TV로 보았다면 "어제 힘든 상황도 꿋꿋하게 이겨내는 주인공을 만났었잖아. 그 주인공이랑 TV에 나온 아이의 상황이 비슷하네. 어떻게 하면 도울 수 있을까?"라고 말해준다. 이런 과정을 통해 아이는 타인을 공감하는 능력이 향상된다. 강압이나 호통이 아닌 스토리텔링을 이용하면 아이는 삶의 가치나 태도를 쉽게 내면화한다.

엄마와 나눈 많은 이야기를 통해 아이는 행복한 삶을 그릴 수 있을 뿐만 아니라, 내면이 강한 아이로 자랄 수 있다. 그러므로 엄마는 세상의 이야기를 모으는 수집가가 되어야 한다. 최대한 많은 이야기를 담아두고 있다가 적절한 상황에 꺼내어 활용할 줄 알아야 한다. 그림책은 아이와 함께 공유할 수 있는 좋은 이야기 재료다. 또한 엄마와 많은 이야기를 공유하며 대화한 아이는 사고의 기반이 단단해지고, 창의력과 상상력이 풍부해진다. 오늘 엄마와 아이에게 어떤 이야기가 더해졌는가? 삶을 더욱 풍요롭게 해줄 수 있는 이야기로 하루를 잘 가꾸어보자.

Mom's talk

너만의 이야기를 간직하렴

세상에는 많은 이야기가 있어.
그 이야기들은 세상 곳곳에 담겨 있지.
세상의 이야기들을 모으면 큰 우주가 되는 거야.

세상의 많은 이야기 중에
너의 이야기도 있어!

네가 좋아하는 케이크의 이야기는 빵집에
수영하며 행복했던 가족 여행 이야기는 바닷가에
장난감 사달라고 떼쓰며 울었던 이야기는 마트에
여기저기 너의 이야기가 가득해.

너의 향기를 담고 있는 이야기들을 잘 기억해두렴.
너는 멋진 이야기가 가득한 아이란다.
그 이야기로 너는 빛이 난단다.

Plus Picture Book

이야기를 다루는 그림책

나는 이야기입니다
댄 야카리노 글·그림 | 소원나무

이야기가 주인공이 되어 일인칭으로 자신의 역사를 소개합니다. 나와 너와 우리로 채워진 이야기는 삶이고, 삶은 곧 이야기지요. 아이에게 삶의 이야기를 담아주세요. 아이가 이야기를 이해하는 데 도움이 되는 그림책이랍니다.

할아버지의 이야기 나무
레인 스미스 글·그림 | 문학동네

할아버지의 정원에는 이야기가 가득 담겨 있어요. 기발한 모양의 정원 나무는 할아버지의 오랜 기억을 전해줍니다. 그곳을 걸으면 할아버지를 더욱 잘 이해할 수 있어요. 그림책을 읽고 우리 가족의 이야기를 나누는 시간을 가져보세요.

네가 어떤 모습이건
엄마는 너를 사랑한단다

『일단 오늘은 나한테 잘합시다』 프롤로그에는 고구마가 등장한다. 고구마는 자신과 함께 심긴 인삼들을 보며 자신도 인삼이라고 생각한다. 고구마는 신나서 "나는 인삼이다!" 하고 행복하게 노래를 부른다. 그런 고구마의 옆에 있던 진짜 인삼은 행복해 보이는 고구마가 불편하다. 고구마가 인삼도 아니면서 착각에 빠져 행복해하는 모습이 신경 쓰인다. 결국 인삼은 고구마에게 진실을 말해버린다. 너는 인삼이 아니라 고구마라고 말이다. 이때 인삼의 말을 들은 고구마의 반응은 놀랍다. 잠시 당황한 듯하더니 "나는 고구마다!"

라고 외친다. 그리고 다시 행복하게 노래를 부른다. 고구마는 자신이 인삼이든 고구마든 상관없다. 자신의 존재 가치는 변함없기 때문이다.

    나는 강의에서 자존감을 다룰 때 행복한 고구마 이야기를 종종 소개한다. 그리고 엄마들에게 만약 자신이 고구마였다면 어떤 반응을 보였을지, 우리 아이가 고구마의 상황이라면 어떤 반응을 보이기를 원하는지 묻는다. 엄마들은 자신도 아이도 행복한 고구마처럼 살기를 원한다고 말한다. 그리고 아이를 시기와 질투로 스스로를 불행하게 만드는 인삼보다 긍정적이며 자존감이 높은 고구마로 키우고 싶다고 말한다. 행복한 고구마처럼 높은 자존감을 가진 아이로 키우기 위해 엄마는 어떤 노력을 해야 할까?

· 샤를, 비상하다 ·

『샤를의 기적』(알렉스 쿠소 글, 필리프 앙리 튀랭 그림, 키즈엠)의 첫 장면은 산꼭대기 드래곤의 둥지다. 샤를은 발이 크고 날개가 긴 용으로 태어난다. 몸과 함께 상상력도 무럭무럭 자란 샤를은 시를 좋아하는 용으로 성장한다. 엄마, 아빠는 샤를의 시가 세상에서 가장 멋진 시라면서 언제나 칭찬해준다. 샤를은 언제나 자신을 바라봐주고 칭찬해주는 엄마와 아빠 덕분에 높은 자존감을 갖고 유년 시절을 보낸다. 그리고 시간이 흘러 학교에 입학한다.

그러나 친구들은 몸집은 작은데 날개와 발이 큰 샤를을 왕발 시인이라고 놀린다. 이때 샤를은 시를 쓴다. 머지않아 자신은 커다란 날개를 펼치고 하늘을 높이 날 것이며, 커다란 발은 땅을 크게 울릴 것이라고 말이다. 비록 친구들이 자신의 모습을 놀려대지만, 자신은 멋지게 성장할 수 있을 것이라는 믿음을 시에 담는다. 이때까지도 샤를의 자존감은 흔들리지 않는다. 하지만 외톨이었던 샤를은 얼마나 마음이 힘들고 외로웠을까? 샤를은 학교에서 불 뿜기와 하늘을 나는 수업을 받지만 잘 수행하지 못한다. 계속되는 친구들의 놀림과 외톨이 생활, 낮은 학업 성취도는 샤를의 높았던 자존감을 흔들어댄다. 샤를은 언제나 자신은 혼자이고 친구들의 비웃음만 사며, 세상에서 가장 멋진 용이라고 말해주었던 엄마, 아빠의 말은 모두 거짓이었는지 고민하며 시를 쓴다. 그해 겨울, 모두가 하늘을 날아 집으로 가지만 샤를은 긴 나무 지팡이에 의지한 채 외롭게 집으로 걸어간다.

왜 부모는 선생님에게 샤를을 따뜻하게 지켜봐달라고 말하지 않았을까? 친구들의 따돌림에도 항의하지 않았을까? 큰 발로 긴 날개를 끌고 다니며 힘들었을 샤를의 등하교를 돕지 않았을까? 나는 민감하게 샤를을 보살피지 않는 듯한 샤를의 부모에게 화가 났다. 그러다 문득 이런 생각이 들었다. 샤를이 계속 학교에 다닐 수 있었던 이유는 집에서 엄마와 아빠를 통해 힘든 마음을 치유받아서가 아닐까? 엄마와 아빠는 샤를의 어려움을 외면했던 것이 아니라, 샤를에게 긍정적인 에너지를 계속 충전해주었을지도 모른다. 하늘을 날지 못하고, 불을 뿜을 수 없어도 높은 자존감으로 자신을 신뢰하는 멋진 용으로 성장할 수 있도록 말이다.

이 그림책을 한 초등학교의 부모 교육에서 소개한 적이 있다. 그날 강의를 함께 들었던 교장 선생님은 샤를의 이야기가 무척 인상 깊었다고 말씀하셨다. 그 학교는 장애아 통합 교육이 이루어지는 곳이었다. 교장 선생님은 장애아 부모들과 자주 이야기하는 시간을 갖는데, 하루는 샤를의 이야기를 소개하셨다고 한다. 그런데 이야기 중반부가 넘어갈 때쯤 한 어머니께서 샤를의 긴 날개와 큰 발이 장애를 상징하는 것 같고, 우리 아이와 같은 상황 같다며 흐느끼셨다는 것이다. 교장 선생님은 당황하여 그림책을 덮으려다가 끝까지 읽어주셨고, 후반부에 샤를이 비상하는 모습을 본 부모님들은 우리 아이들도 비상할 수 있을 거라며 함께 기뻐하셨다고 한다. 아마 그날은 아이의 자존감을 높여주기 위해 부모가 할 수 있는 역할을 고민하는 시간이 되었을 것이다.

· 내 앞에 산삼이 와도 흔들리지 않는다 ·

자존, 스스로 자自에 중할 존尊으로 나를 중히 여긴다는 뜻이다. 많은 매체와 강연에서 자신의 행복을 위한 준비물로 자존감을 이야기하고, 관련된 책들이 끊임없이 출간된다. 아이가 높은 자존감을 갖게 하고 싶다면, 먼저 엄마의 자존감을 점검해야 한다. 엄마의 자존감이 아이의 자존감에 큰 영향을 주기 때문이다.

엄마가 자신에게 허락된 능력과 주어진 상황을 인정하고, 자신의 삶을 사랑하며 살아가는 모습을 아이에게 보여줄 때, 아이도 자신을 사랑할 수 있는 힘을 얻게 된다. 물론 자존감이 높아진다고 해서 곧바로 행복해지는 것은 아니다. 하지만 다른 사람들의 평가에 민감하게 반응하지 않으니 좌절되는 상황에서도 좀 더 담대할 수 있다. 타인의 평가에서 자유로워진다는 것은 내 마음에 날개를 달고 홀가분해지는 일이다. 인삼에게 타인의 행복에 신경 쓰지 않으며 자신에게 집중하는 마음의 힘을 알려주고 싶다. 인삼 앞에 산삼이 앞에 나타나더라도 흔들리지 않는 힘을 말이다.

Mom's talk

네 모습 그대로 사랑해

우리는 모두 다른 모습으로 세상에 태어나.
외모도 마음의 모양도 모두 다르지.

네 모습 그대로 너는
충분히 멋있고 사랑스러워.

다른 사람하고 비교하지 않고
있는 그대로의 자신을 사랑하는 사람은
항상 자신감이 넘치고 행복하대.

엄마를 따라서 말해볼까?
"나는 내 모습 그대로를 사랑합니다."

네 모습 그대로!
넌 참 괜찮은 아이야.

Plus Picture Book

자존감 향상을 돕는 그림책

기분이 좋아, 내가 나라서
소냐 하트넷 글 | 가브리엘 에반스 그림
한울림어린이

아이는 학교에 가고 싶지 않아요. 자신이 늘 부족한 것 같고, 잘하려고 노력해도 다른 아이들이 더 뛰어나다고 생각합니다. 힘들어하는 아이에게 엄마는 남들과 달라서 더 멋진 거라고 말해줘요. 아이가 다름의 가치를 알고 자신을 더욱 사랑할 수 있도록 돕는 그림책입니다.

Zero 영
캐드린 오토시 글·그림 | 북뱅크

크고 둥근 숫자 '0'은 물에 비친 자신의 모습을 보며 몸 한가운데 커다란 구멍이 뚫려 있다는 것을 알게 됩니다. 다른 숫자들이 수를 세며 노는 것이 부럽고 자신도 셀 수 있는 숫자가 되고 싶다고 생각해요. 영은 자신의 장점을 찾아보라는 조력자의 말에 자신감을 회복하고 당당해집니다. 움츠러들고 위축된 우리의 몸과 마음을 곧게 서도록 만들어주는 그림책이에요.

완벽하지 않아도 괜찮아
너는 충분히 잘하고 있어

아이가 시험에서 100점을 맞았다고 하면, 엄마는 시험 난이도를 궁금해한다. 선행 학습을 많이 하는 요즘, 엄마는 아이의 성적에 기대가 높다. 다른 집 아이보다 잘했으면 좋겠다는 엄마의 욕심은 100점을 맞아 기쁜 아이에게 100점이 몇 명인지를 묻는 미안한 질문을 하게 만든다. 100점은 완벽한 점수다. 시험이 쉬웠다고 해도, 누구나 맞을 수 있는 당연한 점수가 아니다. 하지만 엄마는 아이의 완벽한 점수를 원하고 바라고 기대한다.

아이가 실수해서 틀린 문제가 있으면 엄마는 속상하다. 그래서 아이를 다그치고 화낼 때도 있다. 엄마의 환상 속에만 존재하는 완벽한 아이는 현실의 우리 아이를 힘들게 한다.

• 완벽한 아이 팔아요 •

완벽은 완전할 완完, 구슬 벽璧을 써서 '흠이 없는 구슬'을 뜻한다. 즉, 완전무결한 것을 뜻하는 말이다. 세상에 완벽한 사람이 있을까?『완벽한 아이 팔아요』(미카엘 에스코피에 글, 마티외 모데 그림, 길벗스쿨)에서 뒤프레 부부는 아이를 하나 사려고 대형 마트를 찾는다. 마트에는 음악 특기생, 천재, 쌍둥이 등등 다양한 아이가 진열되어 있다. 아이를 사러 오는 사람에게 '완벽한 아이'는 워낙 인기가 많아 구하기가 힘들다. 부부는 운이 좋게 바티스트라는 완벽한 아이를 산다. 바티스트는 예의가 바르고 얌전하며, 공부도 잘하고 부모님 말씀까지 잘 듣는다. 부부는 바티스트가 자신들의 아들이어서 너무 행복하다.

그러던 어느 날, 엄마와 아빠는 완벽한 바티스트에게 실수를 한다. 학교 축제 날짜를 헷갈린 것이다. 이 일로 바티스트는 학교 친구들에게 놀림거리가 된다. 완벽한 아이 바티스트는 부모의 실수를 이해하지 못하기에 화를 낸다. 뒤프레 부부의 관점에서 화를 내는 아이는 완벽한 아이의 모습이 아니므로 바티스트를 다시 마트로 데려간다. 부모의 욕구를 충족하기 위해 수리하거나, 다른 완벽한 아이로 바꾸기 위해서 말이다.

이 그림책은 자신이 원하는 아이를 살 수 있다는 충격적인 설정으로 부모의 지나친 욕심을 꼬집는다. 엄마가 생각하는 완벽한 아이의 모습은 어떠한가? 학업 성취도가 높아야 하고, 한 번 말하면 바로 알아들어야 하며, 놀고 싶은 마음을 참고 숙제를 먼저 하는 책임감과 절제력이 있어야 하고, 뭐든 잘 해내는 아이인가?

문득 반대로 부모를 파는 마트가 있다면 나는 어떤 엄마로 전시될지 상상해보았다. 그리고 '완벽한 엄마'는 과연 어떤 모습을 하고 있을지 떠올려보았다. 그러다 딸에게 어떤 엄마가 완벽한 엄마인지를 물었다. 딸은 잠시 생각하더니 요리를 잘하고, 질문에 잘 대답해줄 수 있도록 지식이 많으며, 자기 관리도 잘하는 엄마가 완벽한 엄마 같다고 답했다. 아들에게도 물었더니 자신을 가장 잘 이해해주는 엄마라고 말했다. 남편은 어떤 상황에서도 아이를 믿어주는 엄마가 완벽한 엄마라고 했다. 가족들이 그리고 있는 완벽한 엄마의 모습은 모두 달랐다.

세상에는 완벽한 아이도, 완벽한 엄마도 없다. 누구나 실수를 하고, 부족한 부분이 조금씩 있다. 완벽해지려는 것은 인간의 교만이다. 엄마가 아이의 실수를 수용해줄 때, 아이도 자책하지 않고 자신을 사랑하는 힘을 기를 수 있다. 더불어 자신뿐만 아니라 타인의 실수도 수용할 줄 아는 관대한 사람으로 자랄 수 있다.

• 완벽과 헤어지는 중입니다 •

완벽주의자는 매사 완벽을 지향한다. 완벽한 결과를 위해 노력하고 최선을 다하는 자세는 훌륭하다. 그러나 완벽을 추구하는 과정에서 겪는 고통을 어떻게 처리하는지가 문제다. 완벽만을 추구하다 보면 겉으로는 단단해보여도 속은 피투성이일지 모른다. 엄마가 완벽을 추구하다 보면 아이는 점점 힘들어진다. 엄마가 설정한 높은 목표가 아이에게는 벅차다. 목표가 높다는 것은 아이가 자꾸만 실패할 거리가 많아진다는 것이기도 하다. 이는 낮은 자존감으로 연결되니 결국 악순환이 반복될 뿐이다.

동네에 미슐랭 레스토랑 출신 요리사가 운영하는 작은 이탈리아 레스토랑이 있다. 이곳은 모두 천연 재료만 사용해서 면 요리를 잘 먹지 못하는 나도 부담 없이 먹을 수 있다. 훌륭한 맛과 정성 가득한 플레이팅에 한 번 식사한 이후로 단골이 되었다. 식당은 입소문이 나서 점점 손님이 많아졌다. 하지만 그곳의 셰프는 여전히 혼자서 모든 요리를 했다. 어느 날, 나는 가족과 식사하러 갔다가 셰프의 건강이 걱정되어 보조 요리사를 고용하는 것은 어떨지 권했다.

하지만 셰프는 그렇게 되면 자신이 더 힘들어진다고 답했다. 본인이 완벽주의자이기 때문에 보조 요리사가 완벽하게 하지 않는 모습을 보면 스트레스를 받는다고 했다. 완벽을 추구하는 사람들은 목표의 기준이 높기 때문이다. 이때 필요한 힘은 자신은 물론 상대도 완벽하지 않을 수도 있다고 인정하는 것이다.

『나 하나로는 부족해』(피터 H. 레이놀즈 글·그림, 비룡소)의 레오는 너무 바쁘다. 일을 하고 또 해도 일이 넘쳐난다. 혼자는 할 일이 너무 많으니 자신이 두 명이면 좋겠다고 생각한다. 그때 문 두드리는 소리가 나더니 또 다른 레오가 찾아온다. 다른 레오가 와서 잠깐 도움이 되긴 했지만, 할 일은 오히려 더 늘어난다. 세 번째 레오, 네 번째 레오, 다섯 번째 레오… 열 번째 레오까지 늘어나지만, 여전히 너무 바빠서 쉴 시간도 없다. 그러다 레오는 일을 다 하지 못하더라도 최선을 다하는 것이 중요하다는 것을 깨닫는다.

그동안 아이에게 완벽한 엄마가 되어주고 싶어서 얼마나 많은 노력을 했던가? 육아에 지쳐도 늘 완벽한 엄마의 모습을 보이기 위해 최선을 다한 세상의 모든 엄마들에게 박수를 보낸다. 세상에 완벽한 사람은 없다. 이 말을 아이에게, 그리고 자신에게 전하며 보듬어주자.

"실수해도 괜찮아."

Mom's talk

완벽하지 않아도 괜찮아

어떤 일을 할 때
끝까지 포기하지 않고 노력하는 모습은
칭찬받을 훌륭한 일이야.

하지만 어떨 땐 끝까지 노력했지만,
작은 실수로 결과가 좋지 않을 때도 있어.

누구나 실수를 해. 엄마도 그래.
세상에 완벽한 사람은 없단다.

목표한 대로 잘되지 않아도 너를 위로할 수 있어야 해.
그 힘이 쌓이면 다음에 더 잘할 수 있게 된단다.

최선을 다하지 못했다면, 다음에는 더 열심히 하면 되고
실수했다면, 다음에 더 차분하고 꼼꼼하게 하면 되지.
오늘 노력한 너를 꼭 안아줘.

Plus Picture Book

완벽하지 않은 우리를 위로하는 그림책

앙통의 완벽한 수박밭
코린 로브라 비탈리 글 | 마리옹 뒤발 그림
그림책공작소

앙통의 수박밭은 완벽해요. 가지런히 늘어선 수박들은 장관을 이루지요. 그런데 누군가 수박 한 통을 훔쳐 갔어요. 앙통은 수박밭에 빈자리가 생기자 더는 완벽한 수박밭이 아니라고 생각해요. 앙통 씨의 변화된 감정을 통해 완벽함을 유연한 관점으로 볼 수 있는 그림책입니다.

아름다운 실수
코리나 루켄 글·그림 | 나는별

이야기는 도화지에 찍힌 검은 얼룩 한 점에서 시작됩니다. 작은 실수는 놀라운 상상력으로 멋진 작품이 되지요. 아이와 함께 이야기의 반전을 기대하며 감상해보세요. 그리고 모든 실수는 새로운 시작이 될 수 있다는 사실을 전해주세요.

CHAPTER 03

성숙한 어른이 되기 위한 준비, 감정

네 마음을 잘 표현해야
마음이 건강해진단다

『곰씨의 의자』(노인경 글·그림, 문학동네)의 곰씨는 햇살, 시집, 홍차, 음악, 꽃 한 송이면 충분히 행복하다. 곰씨는 의자에 앉아 햇살을 맞으며 시집을 읽고, 홍차를 마시며 음악을 듣는다. 그러던 어느 날, 곰씨 앞으로 지친 탐험가 토끼 한 마리가 지나간다. 마음씨 좋은 곰씨는 자신의 의자 한쪽을 내주고, 탐험가 토끼는 자신이 겪은 모험담을 들려준다. 곰씨는 자신이 경험해보지 못했던 새로운 세계의 이야기를 흥미롭게 듣는다. 얼마 후, 마을에서 쫓겨난 무용가 토끼 한 마리가 지나간다. 탐험가 토끼는 무용가 토끼를 다정하게 위로

해준다. 두 마리 토끼는 결혼을 하고 많은 자식을 낳아 자주 곰씨에게 놀러온다. 그러나 토끼 가족의 잦은 방문은 곰씨의 행복한 시간을 방해하기 시작한다. 하지만 토끼 가족에게 사실대로 말하기는 어려운 일이다. 토끼 가족이 서운하거나 슬퍼할까 봐 걱정이 되었을 수도 있고, 화가 나서 다시는 자신을 찾아오지 않을까 봐 불안했을 수도 있다. 안타깝게도 솔직하게 말하지 못한 곰씨는 몸과 마음이 힘들어져 앓아눕게 된다.

이러한 상황은 우리에게도 종종 벌어진다. 우리는 어떻게 대처했던가? 좋은 사람이 되려고 곰씨처럼 참으며 속으로 아파하지는 않았던가? 만약 곰씨의 모습이 우리 아이의 모습이라고 생각하면 걱정이 앞선다. 아이가 자신의 감정을 솔직하고 정확하게 표현하는 것은 타인과 건강한 관계를 맺는 데 꼭 필요한 일이다.

• 감정의 뿌리는 이것이다 •

우리는 살면서 긍정적 혹은 부정적 감정을 느끼며 살아간다. 사실 어떤 감정도 나쁜 감정은 없다. 우리가 느끼는 감정에는 모두 이유가 있기 때문이다. 그러므로 내가 느낀 감정의 이유를 아는 것은 자신을 이해하는 중요한 단서가 된다. 많은 사람은 자신의 부정적 감정을 회피하거나 누르며 살아간다. 부정적 감정을 표현한다는 것은 자신의 내면세계가 드러나는 불편한 일이기 때문이다.

그러나 자신을 이해하고 타인과 건강한 관계를 맺기 위해서는 자신의 감정을 효과적으로 표현하는 연습을 해야 한다. 지그문트 프로이트Sigmund Freud는 다음과 같이 말했다. "표현하지 않은 감정은 절대 죽지 않는다. 산 채로 묻혀서 나중에 더 추한 모습으로 등장한다." 이처럼 자신의 감정을 표현하는 것은 중요하다. 다양한 감정의 이름을 잘 보이는 곳에 붙여놓고 인식하며 표현하는 연습을 해야 한다.

자신이 느끼는 감정은 신체와도 연관성이 높다. 곰씨가 생각과 감정을 표현하지 못해 병이 난 것처럼 말이다. 『감정의 발견』(마크 브래킷 저, 북라이프)에서는 감정과 몸의 관계를 다음과 같이 소개한다. "텍사스 오스틴 대학교 제임스 페니베이커James W. Pennebaker 교수에 따르면 비밀을 품고 있던 사람에게 실제로 병이 생기는 경우가 있다고 한다. 하지만 감정이나 생각을 언어로 옮기면 대부분 건강이 회복되었다."

그러니 때때로 자신이 어떤 감정을 느끼고 있는지, 어떤 욕구가 있었는지 알아차리고 표현해야 한다. 감정 표현은 아이를 위해서만 필요한 것이 아니다. 엄마 자신에게도 너무 중요하다. 그동안 가정을 잘 지키기 위해 참고 희생하며 감정을 억누른 적이 얼마나 많았던가? 우리의 감정 안에는 강력한 욕구가 자리하고 있다. 우리는 그 욕구를 잘 알아야 한다. 감정의 뿌리가 욕구이기 때문이다. 그리고 나의 욕구가 충족되지 않았을 때, 그것을 드러내는 용기가 필요하다. 내 마음을 표현하지 않으면, 상대는 알아차리기 어렵기 때문이다. 그렇다면 나의 마음을 잘 표현하려면 어떻게 해야 할까?

딸이 초등학교 5학년이었을 때 담임 선생님과의 상담에서 있었던 일이다. 나는 딸이 친구들과 잘 소통하며 회장의 역할을 잘하고 있는지, 친구들 앞에서 자기 생각을 잘 표현하는지 등을 선생님께 여쭈었다. 이 질문의 저변에는 나의 어린 시절의 기억이 깔려 있다. 어릴 적 나는 곰씨 같았기 때문이다. 초등학교 때 반장이었던 내가 제일 힘들었던 것은 친구들에게 청소하라고 말하는 것이었다. 나는 그러지 못해서 친구들 몫까지 청소할 때가 많았다. 그래서 6학년 때 내 별명은 '청소 반장'이었다. 나는 그 별명이 반장의 역할은 제대로 수행하지 못하고 청소만 잘한다는 의미로 느껴져 수치스러웠다. 이런 경험 탓에 혹시 딸도 나와 같지는 않을까 걱정이 되어 나의 모습을 딸에게 투사했던 것이다.

선생님은 딸이 회장의 역할을 잘하고 있다고 하셨다. 그리고 요즘 아이들은 자기 생각과 감정을 잘 표현하는 편이라며 교실에서 있었던 이야기를 해주셨다. 선생님께서 한 아이에게 심부름을 시켰는데, 그럴 기분이 아니라며 거절했다는 것이다. 자신은 선생님의 말씀에 순종하며 성장했고, 지금까지 교사 생활을 하며 학생에게 부탁한 심부름을 거절당한 경험이 없기에 당황하셨다고 한다. 선생님은 50대 중반으로 감정을 드러내면 안 된다는 교육을 받아온 세대다. 그래서 자신의 감정을 당차게 표현한 아이가 당황스러웠던 것이다. 아이가 자신의 감정을 솔직하게 표현하는 것은 바람직한 일이다. 하지만 아이는 아직 거절하는 방법이 좀 서툴 수 있다. 그러므로 엄마는 아이에게 상대가 불편하지 않도록 생각을 표현하는 법을 알려줘야 한다.

· 내 마음을 표현하는 3단계 ·

자신의 마음을 잘 표현하는 아이로 키우는 데 다음 3단계 연습이 도움이 될 것이다. 아이와 함께 『곰씨의 의자』를 읽고 함께 연습해보자. 아이가 느꼈을 감정과 욕구는 무엇인지 알아차리도록 도와주는 것이 목표다.

1단계는 자신의 상황을 말하는 것이다. 예를 들어 곰씨라면 수

시로 찾아오는 토끼 가족에게 이렇게 말할 수 있다. "저는 지금 조용히 책을 읽고 있었어요." "저는 음악을 듣는 중이었어요." 아이에게 만약 이런 상황이라면 어떻게 표현할 것 같은지 물어보자.

2단계는 상황에 따른 감정을 표현하는 것이다. 곰씨의 상황에서는 이렇게 말할 수 있을 것이다. "여러분이 제 의자에서 너무 시끄럽게 하니까 책을 읽을 수 없어서 슬퍼요." "오늘은 혼자 쉬고 싶어요. 아기 토끼들이랑 노는 것은 조금 피곤할 것 같아요."

3단계는 욕구를 드러내는 것이다. 곰씨에게 내재된 욕구는 무엇이었을까? 곰씨는 차를 마시고 음악을 듣고 있을 때 마음이 평화로워진다고 했다. 그 욕구가 충족될 때 곰씨의 표정은 온화하고 행복하다. 그러나 조용히 혼자만의 시간을 보내고 싶은 욕구가 좌절되면 곰씨는 괴롭다. 이때 자신의 욕구를 드러내는 용기가 필요하다. "지금은 제가 혼자 차를 마시고 싶어요. 잠시 후 놀러와 줄래요?" "지금은 읽던 책을 마저 읽고 싶어요. 내일 와줄 수 있나요?" 이렇게 말이다.

아이와 함께 곰씨의 상황을 상상하며 최대한 정중하고 솔직하게 말하는 연습을 해보자. 말로 표현하기가 어렵다면 편지나 그림으로 표현하는 연습을 해도 좋다. 이는 아이가 성인이 되어서도 세련되게 자기 생각을 표현할 수 있는 연습이 된다. 곰씨가 솔직하게 표현하면 토끼 가족은 서운할 수 있겠지만, 곰씨의 욕구를 정확하게 이해하고 존중해줄 수 있다. 건강한 관계를 지속하기 위해서는 이런 솔직하고 정중한 감정 표현과 존중이 중요하다.

자신의 감정에 솔직해질 용기가 우리에게 필요하다. 가정에서 아이와 갈등이 생기면 엄마가 먼저 생각, 감정, 욕구를 표현하는 모습을 보여주자. 아이는 엄마의 모습을 보고 배운다. 자신의 마음을 잘 표현하는 아이가 건강하며 성숙한 어른으로 성장할 수 있다.

Mom's talk

네 마음의 친구가 되어보렴

우리 마음속에는
각자가 원하는 것들이 있어.

원하는 것이 채워지면, 기분이 좋아지고
채워지지 않으면, 기분이 나빠지기도 하지.

네 생각과 감정을 잘 표현하지 못하면
몸과 마음은 슬퍼 울고 있을지 몰라.
"나를 좀 알아줘!" 하고 말이야.

사람들 앞에서 표현이 어려울 때는
용기 내서 말하는 곰씨를 떠올려봐.

자신의 생각과 마음을 표현하고
행복해하는 곰씨의 미소를 꼭 기억하렴.

Plus Picture Book

내 마음을 솔직하게 표현할 수 있도록 힘을 주는 그림책

어려워
라울 니에토 구리디 글·그림 | 미디어창비

내 생각과 감정을 말하는 것은 생각만큼 쉽지 않아요. 때로는 큰맘 먹고 노력해야 할 때도 있어요. 이 그림책의 주인공은 특히 더 그렇습니다. 만약 우리 아이도 그렇다면 이 그림책이 큰 위로가 될 거예요. 작가의 말처럼 아이의 모습을 있는 그대로 받아들여 주세요.

착해야 하나요?
로렌 차일드 글·그림 | 책읽는곰

유진은 정말 착한 아이예요. 어른의 말을 잘 듣고, 누가 시키지 않아도 착한 일을 하지요. 그래서 착한 아이 배지까지 받지만 유진은 행복할까요? 아이가 욕구를 숨기고 착한 아이로 살아가며 힘들었던 순간은 없었는지 이야기 나누기 좋은 그림책입니다.

두려움에 휩싸일 때는
주먹을 꼭 쥐어보렴

아들이 5학년 때 학부모 참관 수업에 갔다. 그때 선생님은 용기 있는 삶에 관해 이야기하시며 어효선 시인의 「이제는 그까짓 것」을 들려주셨다.

혼자서 버스 타기도
겁나지 않는다. 이제는.

표시 번호 잘 보고 타고

선 다음에 차례대로 내리고
서두르지 않으면 된다.
그까짓 것.

(중략)

선생님이 가르쳐 주신 대로
어머니 아버지가 이르신 대로
그대로만 하면 된다, 모든 일.

자랑스런 열두 살,
자신 있는 열두 살.

선생님은 아이들에게 자신의 이야기로 시를 개작해보라고 하셨다. 자신의 경험을 떠올려 함축적인 시어로 다시 쓰는 활동은 언어 감성과 표현력을 키울 수 있는 좋은 방법이다. 수업이 끝난 후, 아들이 개작한 시를 읽고 나는 놀랐다. 아들의 두려움은 '롤러코스터'와 '누나'였다. 롤러코스터를 탈 때, 너무 무섭지만 눈을 질끈 감고 소리 한번 지르면 되고, 누나의 꿀밤은 겁나지만 눈을 크게 뜨고 왜 때리느냐고 말하면 된다고 썼다. 내가 예상했던 두려움과는 완전히 달랐다. 아들은 놀이동산에서 롤러코스터가 하나도 무섭지 않다고 했기 때문이다. 속으로는 두렵지만 사실은 센 척을 했던 것이다. 또 누나 앞에서 당당하게 큰소리를 내더니, 아직 누나는 자신에게 쉬운 상대가 아니었나 보다. 개작 수업을 통해 아들은 자신의 두려움과 마주 서는 용기를 가질 수 있었고, 나는 아이의 속마음을 엿볼 수 있었다.

· 두 주먹 불끈 쥐는 용기를 ·

삶에서 두려운 순간들은 자주 찾아온다. 이때 필요한 것은 용기다. 용기를 주제로 한 그림책들은 등장인물의 생각, 감정, 행동을 세밀하게 표현하며, 독자도 자신 앞의 문제에 맞설 수 있도록 강력한 용기를 전해준다. 이런 그림책을 읽고 나면 나도 주인공처럼 두 주먹이 불끈 쥐어진다. 아이에게 전해주고 싶었던 용기를 나까지 얻게 되니 그야말로 일석이조다.

어릴 적 내게 용기를 준 인물은 TV 만화 「달려라 하니」의 주인공 하니였다. 하늘에 계신 엄마를 생각하며 달리는 하니가 불쌍하기도 했지만, 멋있어 보일 때가 많았다. 힘든 상황에서도 당찬 하니가 정말 좋았다. 용기가 필요할 때는 하니의 목소리를 떠올렸다. 나

애리를 부르며 끝없이 달렸던 하니처럼 두 주먹을 꽉 쥐고 눈에 힘을 주면 두려운 마음이 사라지고 용기가 났다. 두려움이라는 삶의 저항은 두 주먹이면 해결될 때가 많았다. 나는 종종 아이에게 말해주곤 한다.

"두렵고 힘든 순간에는 일단 두 주먹을 꽉 쥐어보렴."

· 홈런을 치기 전에 안타부터 친다 ·

『홈런을 한 번도 쳐 보지 못한 너에게』(하세가와 슈헤이 글·그림, 천개의 바람)의 주인공 루이는 한 번도 홈런을 치지 못한 아이다. 어느 날, 경기 중 팀이 지고 있을 때, 타자인 루이에게 역전의 기회가 찾아온다. 루이는 홈런을 쳐서 팀에 역전승의 기쁨을 안겨주고 싶다.

하지만 루이는 홈런은커녕 안타도 아닌 땅볼, 병살타를 치게 된다. 동네의 고등학생 야구선수 센 형은 좌절하는 루이에게 포기하지 말라며 자신과 함께 노력해보자고 말한다. 루이는 센 형의 말을 듣고 홈런을 치기 전에 안타부터 치기로 마음을 먹는다. 너무 큰 목표를 잡으면 힘이 들어가 실패하기에 십상이다. 조금씩 성장하는 자신의 모습을 그려가며 작은 것부터 하나씩 도전하는 자세가 필요하다.

『이까짓 거!』(박현주 글·그림, 이야기꽃)의 주인공은 학교에서 밖에 비가 오는 것을 본다. 우산을 미리 준비해온 친구들은 우산을 쓰고 집에 가고, 우산이 없는 아이는 엄마가 학교 앞에서 기다리고 있다. 하지만 주인공에게는 같이 우산을 쓰고 갈 친구도, 우산을 들고 기다려주는 엄마도 없다. 우산이 없으면 같이 쓰고 가자는 낯선 아줌마의 말에 엄마가 오실 거라는 거짓말을 해버린다. 쏟아지는 비를 맞고 걸어갈 용기도 없고, 비가 그치기를 마냥 기다릴 수도 없다.

　이때 작년 같은 반 친구였던 준호가 가방으로 머리를 가리며 달린다. 주인공은 친구를 따라 용기 내어 빗속으로 뛰어든다. 둘은 최종 목적지까지 한 번에 달리지 않는다. 조금씩 목표 위치를 정하고 열심히 달린다. "이까짓 거!" 하고 외치며 집까지 뛰어가는 주인공의 모습에서 용기의 힘이 느껴진다.

　『바늘 아이』(윤여림 글, 모예진 그림, 나는별)에는 주인공 윤이가 도랑을 건너야 하는 장면이 나온다. 하지만 도랑에는 괴물들이 입을 벌리고 있어서 건너기가 두렵다. 그때 윤이는 "건널 수 있어!" 하고 자신에게 말한다. 그리고는 폴짝하고 도랑을 뛰어넘는다. 아이가 윤이처럼 용기 내는 모습을 상상해보자. 생각만으로도 벅차오른다.

　아들러는 자신에게 과제가 주어지면 조금씩이라도 시작하려고 도전하는 용기를 '실패할 용기' 또는 '불완전한 용기'라고 했다. 이는 실패가 두려워 시도하지 않는 것보다 훨씬 더 바람직한 태도다. 실패하지 않고는 아무것도 배울 수 없다. 실패는 우리를 더욱 단단하게 만들어준다. 아이가 도전에 실패했을 때는 이렇게 말해주자. "다시 할 수 있어!" "괜찮아!" "엄마가 도와줄게." "누구나 처음에는 그래." "엄마가 기다려줄게." 그리고 용기를 낸 주인공들이 등장하는 그림책을 아이에게 소개하고 아이와 함께 두 주먹을 꽉 쥐며 외쳐보자.

"해보자! 한번 해보는 거야!"

Mom's talk

두 주먹을 꼭 쥐면 할 수 있단다

꼭 해야 하는 일인데
용기가 나지 않을 때가 있어.
그때는 이렇게 해봐.

두 주먹을 꼭 쥐는 거야.
입술도 꾹 다물고 힘을 줘봐.
그러면 마음속에 용기의 힘이 생겨.

마음속에 용기를 담고 있는 사람은
늘 가슴이 뜨겁단다.
뜨거운 가슴으로는 뭐든 할 수 있어!

주먹을 꼭 쥐고 이렇게 말해봐.
"용기야, 어서 와!"
"나는 한번 해볼 거야!"

Plus Picture Book

용기를 갖도록 도와주는 그림책

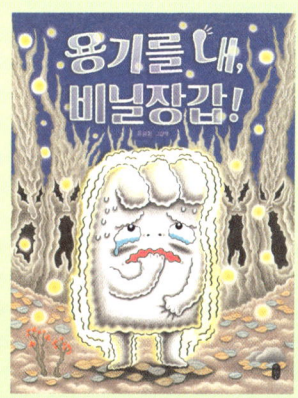

용기를 내, 비닐장갑!
유설화 글·그림 | 책읽는곰

별빛 캠프가 열리는 날, 친구들은 장갑산에 올라 별을 볼 생각에 들떠 있어요. 하지만 비닐장갑은 머릿속에 온통 걱정뿐이에요. 아이와 비닐장갑이 두려울 때의 표정과 용기를 냈을 때의 표정을 집중해서 보세요. 감정에 따른 표정을 알아차릴 수 있는 시간이 될 거예요.

파란 모자
조우영 글·그림 | 바람의아이들

파란 모자는 사람들이 자신의 모습을 보면 기절할 거라고 생각해요. 그래서 커다란 모자로 몸을 감추고 다닙니다. 인간의 두려움 중 하나는 타인이 자신에게 하는 평가지요. 타인의 평가에서 벗어날 수 있는 용기를 주는 그림책입니다.

다른 사람의 마음도
토닥여줄 수 있는 사람이 되렴

『오줌이 찔끔』(요시타케 신스케 글·그림, 위즈덤하우스)의 남자아이는 오줌을 누기 전과 후에 맨날 찔끔 새서 엄마에게 혼난다. 아이는 엄마에게 들킬까 봐 팬티의 오줌이 마를 때까지 밖에 나가 있기로 한다. 그리고 겉으로 봐서는 모르지만, 분명 자신처럼 오줌이 찔끔 새서 곤란한 사람이 있을 것이라고 생각한다. 그래서 아이는 길을 가다가 무언가 불편해 보이는 사람들에게 오줌이 찔끔 샜냐고 물어본다. 유쾌한 그림책이지만 아들은 이 그림책을 보며 속상해했다. 아들은 주인공에게 감정 이입이 되었는지 어쩔 수 없이 이럴 때가 있다며 열심히 주인공을 변호했다.

  이 그림책을 대표하는 키워드로 '상상력'과 '유머'를 많이 이야기하지만 나는 강의 때 '공감'이라는 키워드로 자주 소개한다. 주인공이 강력하게 원했던 욕구는 공감과 이해다. 아마 아들은 자신을 공감해줄 대상을 찾지 못하는 주인공이 안타까웠던 것 같다. 하지만 나는 이 그림책 속 주인공을 보면 흐뭇하다. 오줌이 찔끔 샜을 때 위축되어 집에 웅크리고 있는 것이 아니라 그 마음을 위로받기 위해 적극적으로 공감해줄 사람을 찾으려 했기 때문이다. 자신 앞의 어려움을 이겨내려는 주인공의 밝은 모습은 독자에게 강력한 긍정 에너지를 전달한다.

· 모든 사람을 공감하며 살 수 없다 ·

부모를 대상으로 강연을 할 때 가장 공감하기 어려운 사람이 누구냐고 물으면, 배우자라는 답이 많이 나온다. 배우자가 미운데 어떻게 공감하냐는 것이다. 미워하는 사람의 생각과 행동을 이해하기는 참 어렵다. 그렇지만 공감을 나눌 때 관계가 좋아지고, 관계의 기쁨에서 오는 행복으로 삶의 질이 높아진다면, 가까운 사이일수록 더욱 따뜻한 공감을 나누어야 하지 않을까?

공감은 상대방의 입장이 되어서 그 감정과 관점을 이해하는 것이지 판단하고 평가하는 것이 아니다. 공감을 하기 위해서는 상상력을 발휘할 필요가 있다. 상상력을 발휘해 상대의 상황을 이해하고, 상대의 감정과 관점도 그대로 받아들여야 한다.

어느 날부터 남편이 내 말을 듣고 나면 "아~" 하고 추임새를 붙였다. 핸드폰 문자 메시지에서도 마찬가지였다. 그 태도가 낯설어 이유를 물었더니 남편은 웃으며 회사에서 공감에 관한 강연을 들었다고 답했다. 강연에서 배우자가 말하면 그 뒤에는 항상 "아~" 하고 자신이 공감하고 있다는 것을 보여주라고 배웠다고 했다. 노력을 보이는 남편이 고마웠지만, 나는 안타깝게도 전혀 공감 받고 있다는 느낌을 받지 못했다. 기계적이고 의미 없는 반응에 오히려 화가 나기도 했다. 문득 남편의 추임새가 엄마가 공감을 배우고 난 후 며칠간 습관적으로 말하는 "그랬구나."와 비슷하다는 생각이 들었다. 엄마가 "그랬구나." 하고 형식적인 반응만을 보이며 진심으로 아이의 상황에 공감하지 않는다면 아이는 분명 외로울 것이다. 그래서 『오줌이 찔끔』 속 주인공처럼 공감 대상을 찾고 다닐지도 모른다.

· 아이의 공감 능력을 키우려면 ·

만 2~3세가 되면 아이는 다른 사람의 행복이나 고통에 공감할 수 있을 뿐만 아니라 위로할 수 있게 된다. 그 시기에는 눈앞에 보이는 상황만 공감할 수 있지만, 아동기가 되면 상상으로도 공감할 수 있게 된다. 그러므로 일상에서 아이에게 공감을 많이 해줘야 한다. 일상에서 아이의 공감 능력을 높일 수 있는 세 가지 방법은 다음과 같다.

첫 번째는 엄마가 아이의 감정을 잘 인식하고 이해해주는 것이다. 자신과 상대가 느끼는 감정이 무엇인지 알고 있어야 그 감정을 이해하고 공감할 수 있다. 그래서 아이가 자신의 다양한 감정을 인식하고 표현할 수 있도록 도와야 한다. 특히 엄마가 아이의 부정적인 감정도 이해하고 보듬어줄 때, 아이는 엄마의 따뜻한 공감을 기억한다. 이렇게 공감을 받아본 아이는 자신뿐만 아니라 타인도 이해해줄 수 있는 힘을 얻는다.

두 번째는 예술적 경험을 통해 공감 능력을 키우는 것이다. 문학, 회화, 영화 등등 다양한 예술 작품을 만날 때, 아이는 작가의 삶이나 작품 속 이야기에 감정을 이입한다. 이는 공감할 때 필요한 상상력을 키우는 훈련이 된다. 아이가 등장인물의 입장이 되어 상상하는 연습을 할 수 있기 때문이다. 나는 아이들이 문학 작품 속 등장인물의 감정에 공감한 후, 일상에서 변화하는 모습을 종종 본다. 『뒷뚜르 이렁지의 하소연』(이완 글, 송교성 그림, 현암사)은 지렁이가 자신의 어려움을 독자에게 하소연하는 내용이다. 자신은 사람들에게 이로움을 주는데 사람들은 자신을 보면 징그럽다며 인상을 쓰고 소리를 친다는 것이다. 이 책을 읽고 난 후, 아이들은 지렁이가 길가에 나와 있으면 화단에 데려다주곤 했다. 이전에 아이들은 지렁이를 징그러운 존재로만 여겼지만 문학적 경험을 통해 상대를 이해하고 배려하는 마음을 갖게 된 것이다.

공감 자체가 주제인 그림책들을 읽는 것도 도움이 된다. 등장인물들이 공감을 나누는 모습을 보면서 아이는 자연스럽게 공감을 배우기 때문이다. 『가만히 들어주었어』(코리 도어펠드 글·그림, 북뱅크)의 테일러는 블록으로 뭔가 새롭고 특별한 것을 만든다. 그런데 난데없이 날아든 새들 때문에 테일러가 만든 작품은 와르르 무너진다. 닭, 곰, 코끼리 등 많은 동물들이 와서 속상한 테일러를 위로하고 도우려 하지만 그 상황을 진심으로 공감해주지는 못한다. 그때 다른 동물들과 다르게 토끼는 테일러의 이야기를 가만히 들어준다. 공감은 듣는 이의 판단과 평가를 빼고 가만히 들어주는 것, 그것이면 족하다. 나는 아이들에게 이 그림책을 읽어주었다. 어느 날 딸은 속상해서 울고 있는 친구의 이야기를 가만히 들어주었더니 그날 저녁 친구가 아이스크림 기프티콘을 보냈다고 했다. "엄마, 나는 정말 가만히 들어주기만 했거든." 하고 말했던 딸의 목소리가 계속 귓가에 맴돌고 가슴이 벅찼다. 엄마와 아이가 그림책 속 등장인물이 공감하는 모습을 함께 읽고 일상에서 실천할 때, 아이의 공감력을 향상시킬 수 있다.

세 번째는 봉사 활동을 통해 공감의 힘을 기르는 것이다. 연구에 의하면 봉사 활동을 하면 공감 능력이 향상되고 삶의 우선순위를 재조정하게 되어 봉사 활동을 하지 않는 사람보다 7퍼센트 더 행복한 것으로 나타났다. 그뿐만 아니라 봉사하며 다른 사람에게 관심을 쏟게 되면 자신의 일상에서 겪는 스트레스나 걱정이 줄어든다고 한다. 가족이 함께 봉사 활동을 하며 타인을 이해하고 공감할 기회를 갖는 것은 가족에게 의미 있는 시간이 된다.

우선 가까운 가족부터 공감해보자. 가까운 사람들일수록 더 깊이 공감하며 마음을 나누고 살아야 하지 않을까? 공감을 온전히 받아본 아이는 누군가를 공감해주는 힘을 갖는다. 이는 사회적 관계 속에서 내 아이를 함께하고 싶은 사람으로 만든다.

Mom's talk

엄마가 먼저 너에게 공감할게

공감은 상대의 마음을 이해하고
"그랬구나."라고 말해주는 따뜻한 일이야.
공감을 받으면 기분이 좋아지지.
그래서 사람들은 공감해주는 사람을 좋아해.

친구에게 공감을 잘하려면 세 가지를 기억하렴.
말하는 친구의 눈을 바라봐주기.
말하는 친구의 표정과 비슷한 표정 지어주기.
잘 듣고 있다는 신호 보내주기.

그렇게 가만히 들어주기만 해도
공감을 잘하는 사람이 될 수 있단다.

엄마도 너에게 공감을 잘하는 엄마가 되어줄게.
너의 마음이 따뜻해지도록!

Plus Picture Book

공감 능력을 키워주는 그림책

핑!
아니 카스티요 글·그림 | 달리

탁구 칠 때를 생각해보세요. 한 사람이 '핑' 하고 치면, 상대는 '퐁'하고 받아야 하지요. 일상에서도 마찬가지입니다. 하지만 가끔은 우리가 상대에게 '핑'을 보내지만 '퐁'으로 날아오지 않을 때가 있어요. 공감 받지 못해도 열린 마음으로 상대를 바라볼 수 있도록 도와주는 그림책입니다.

너도 맞고, 나도 맞아!
안소민 글·그림 | 비룡소

우리 주변의 모든 것들은 어떤 기준을 두고 생각하는가에 따라 평가가 달라집니다. 때에 따라 내가 맞기도 하고, 상대가 맞기도 하지요. 그림책의 다양한 상황들이 상대의 관점을 평가하지 않고 공감할 수 있는 힘을 길러줍니다.

CHAPTER
04

성장하는 아이에게
가장 큰 선물,
신뢰

너는 매일 조금씩
성장하고 있단다

"나는 자라요."

나는 이 말이 너무 좋다. 그래서 성장과 관련된 강의를 할 때면 그림책 『나는 자라요』(김희경 글, 염혜원 그림, 창비)를 자주 소개한다. 표지에서 아이는 두 팔을 벌리고 눈을 감고 서 있다. 풀밭에 깔린 돗자리에 맨발로 서서 바람을 맞으며 무엇을 느끼고 어떤 생각을 하고 있는 것일까? 아이는 자신이 엄마 품에 안길 만큼 작지만, 아주 조금씩 자라고 있다고 말한다. 단추가 단춧구멍으로 들어가고, 발이 양말 속으로 들어가는 순간에도 자라고 있다는 아이의 고백은 사랑스럽고 기특하다. 작은 일을 성취할 때, 잠을 잘 때, 슬픔을 이겨낼 때, 의미 없어 보이는 일에도, 좌절하고 있는 순간에도 아이는 자란다. 어느 그림책 강사가 유치원 아이들에게 이 그림책을 들려주었더니, 유치원 선생님께서 그림책의 제목을 구호로 만들었다는 이야기를 해주었다. 이동할 때 선생님이 "나는" 하고 말하면, 아이들은 "자라요." 하고 외치며 걸었다고 한다. 아이들은 구호를 외치며 자신이 성장하고 있다는 기쁨에 행복하지 않았을까?

• 고정 마인드셋 vs 성장 마인드셋 •

매 순간 우리 앞에 펼쳐지는 크고 작은 일을 어떤 관점으로 바라보고 대처하고 있는가? 어려운 일에 도전하는 사람이 있는가 하면, 그 자리에 머무르려 하는 사람이 있다. 실패를 딛고 올라서는 사람이 있는가 하면, 주저하다 포기하는 사람이 있다. 스탠퍼드대학교 심리학과 교수인 캐럴 드웩 Carol Susan Dweck은 그 이유를 밝히기 위한 연구를 계속하다 사람들이 가진 두 가지 마음가짐, '고정 마인드셋'과 '성장 마인드셋'을 발견했다. 그녀는 『마인드셋』(캐럴 드웩 지음, 스몰빅라이프)이라는 책에서 두 가지 마음가짐을 자세히 소개하고 있다.

고정 마인드셋을 가진 사람들은 자신의 능력이 변하지 않고 고정되어 있다고 믿는다. 자신의 자질은 한정되어 있고 언제나 그대로라고 생각한다. 고정 마인드셋을 가진 사람들은 도전과 실패를 두려워한다. 실패하면 자기 능력의 결함이 그대로 드러나기 때문이다. 결함 또한 고칠 수 없는 영구적인 것으로 생각하는 그들에게 도전은 피하고 싶은 일이다.

반면 성장 마인드셋을 가진 사람들은 자신의 능력이 계속 발전할 수 있다고 믿는다. 그래서 거침없이 도전한다. 실패할 때도 있지만, 이를 통해 자신이 성장할 수 있다는 굳은 믿음은 회복 탄력성을 높이며 인생을 바꾸는 힘이 된다.『나는 자라요』의 아이는 성장 마인드셋을 가지고 있다. 기쁜 순간에도 힘든 순간에도 자신은 자라고 있다고 말하는 아이는 어른에게도 가르침을 준다.

· 아이에게 성장 마인드셋을 주려면 ·

아이에게 성장 마인드셋을 주려면 엄마도 성장 마인드셋을 가지고 있어야 한다. 엄마가 고정 마인드셋을 가지고 있는 경우 아이의 능력과 재능을 한정 짓기 때문이다.

아들이 초등학교 저학년 때 학교에서 적성 검사를 했다. 당시 어부가 되고 싶어 했던 아들은 적성에 맞는 직업에 어부가 나왔다며 기뻐했다. 나는 모든 사교육을 그만두고 비용을 모아 배를 한 척 사 줘야 하는 걸까 고민하며 검사지를 읽어보았다. 하나 더 눈에 들어오는 결과가 있었다. 아이의 예술 지능이 낮게 나온 것이다. 피아노 학원에서 바이엘만 3년 가까이 배운 이유를 이해할 수 있었다. 나는 담임선생님께 예술 지능이 낮은 아이에게 음악과 미술 수업을 어떻게 지도하면 좋을지 상담했다. 아들에게 예능 교육비를 많이 지불하고 있는데, 전혀 재능이 없는 아이에게 계속 가르쳐야 하는지 고민이 되었기 때문이다. 그때 선생님은 너무 쉽게 답을 주셨다.

"어머니, 그냥 미술과 음악은 못하는 아이로 키우세요."

이때 나는 고정 마인드셋에 사로잡혀 있었다. 지능은 변하는 것이 아니라는 생각 말이다. 그래서 예능 교육을 그만두어야 할지 고민하고 있었다. 성장 마인드셋을 가진 엄마였다면, 예술 지능이 낮더라도 아이가 자신을 둘러싼 세계를 이해하고 심미적 즐거움을 갖는 경험에 중점을 두었을 것이다. 그리고 예능 교육을 함에 있어 아이의 예술 지능이 높든 낮든 개의치 않았을 것이다. 나는 선생님께 한 질문이 너무 부끄러웠다. 그날 이후로 아이가 그림을 그리거나, 피아노를 연주하면 조금씩 성장하고 있다며 크게 격려했다. 아이가 그린 그림은 전시해주고, 연주한 멜로디는 녹음해주었다. 아들은 조금씩 성장하고 있는 자신의 모습을 볼 때마다 뿌듯해했다.

엄마의 말과 행동은 아이에게 메시지로 전달된다. 그래서 엄마의 말은 아이가 성장할 수 있도록 돕는 말이어야 한다. 특히, 지능이나 재능을 칭찬하는 말보다 과정과 노력을 칭찬하는 말이 아이를 건강하게 자라도록 돕는다. "일단 도전해보자." "너는 조금씩 성장하고 있어." "걱정마. 언젠가는 해낼 수 있을 거야."

· 그래! 나 개구리다 ·

『그래봤자 개구리』(장현정 글·그림, 모래알(키다리))는 성장 마인드셋을 갖도록 돕는 그림책이다. 표지에 은은하게 반짝이는 개구리알을 보고 있으면 성장의 기운이 느껴진다. 그와 반대로 제목은 부정적인 어감으로 표지와 대비되는 느낌을 준다. 개구리알은 깊은 생각에 빠져 있다. 여기가 어디인지, 어디로 가야할지, 앞으로 어떤 일이 벌어질지를 궁금해한다. 알은 올챙이가 되고 성장 과정을 거쳐 개구리가 된다. 자신의 정체성을 찾고 멋지게 점프하는 개구리에게 두루미, 족제비, 뱀은 그래봤자 개구리라고 말한다. 개구리는 상심하여 혼자만의 공간으로 숨는다. 고정 마인드셋을 가진 다른 동물들의 한마디 말에 멋지게 뛰던 개구리가 움츠러든 모습이 안쓰럽다. 하지만 개구리는 자신의 한계를 인정하며 통쾌하게 외친다.

"그래! 나 개구리다!"

개구리는 크게 외치고 다시 점프한다. 개구리가 뛸 수 있는 만큼, 아니 그 이상을 말이다. 개구리의 외침이 한동안 뇌리에서 떠나지 않았다. 그동안 나도 모르게 아이에게 전했을 고정 마인드셋이 담긴 말들을 떠올렸다. 나의 말들이 아이의 잠재력을 무시했던 것은 아닌지 미안해졌다. 성장 마인드셋을 갖고 나와 아이가 서로의 성장을 축하하고 응원할 수 있도록 노력해야겠다고 다짐했다. 아이가 자신이 성장하는 과정을 즐기며 현재를 살아가도록 말이다.

양육은 긴 마라톤과 같다. 도착점은 아직 눈에 보이지 않는다. 지금 잠시 느리게 간다고 해서 도착점에 다다를 수 없는 것은 아니다. 그러나 아이를 키우다 보면 멀리 보지 못하고 현재 상황만 편협하게 바라보게 된다. 이때 엄마는 고정 마인드셋을 담은 말을 많이 사용하게 된다. 예를 들어 성적이 떨어진 아이에게 "학원 그만 다녀! 다닐 필요가 없겠어!", 반복된 실수를 하는 아이에게 "또 그럴 줄 알았어!", 새로운 것을 배우고 싶다는 아이에게 "이번에도 잠깐 배우고 그만한다고 할 거잖아." 하고 말한다. 엄마의 말들이 아이의 성장을 방해한다면 너무 가슴 아픈 일이다. 아이의 능력을 한정 짓고, 가슴에 상처를 주는 고정 마인드셋의 말은 이제 멈추자. 그리고 아이가 건강하게 성장할 수 있는 말들을 전해주자.

엄마의 말에는 마법이 담겨 있다. 엄마의 말 한마디가 아이를 성장시킨다. 엄마는 그것을 꼭 믿어야 한다. 잠시 눈을 감고 상상해보자. 아이가 자신을 믿으며 조금씩 성장하는 모습을, 넘어져도 툭툭 털고 일어나는 모습을 말이다. 어른인 우리도 여전히 조금씩 성장하며 성숙해지고 있지 않은가? 조급해하지 말고 아이의 성장을 믿고 응원해주자. 그리고 아이와 함께 엄마도 성장하는 모습을 그려보자.

Mom's talk

너는 매일 조금씩 자라고 있단다

너의 몸과 마음은
천천히 조금씩 자라고 있어.

눈을 감고 가슴에 손을 올려 봐.
그리고 크게 숨을 내쉬어봐. 휴우~
이제 너한테 이렇게 말해보는 거야.

"나는 자라요.
아주 조금씩 자라고 있어요.
아직은 작은 나지만,
언젠가는 뭐든지 잘할 수 있을 거예요.
나는 오늘도 자라요."

엄마는 언제나 너의 멋진 성장을 응원해.

Plus Picture Book

아이의 성장을 응원하는 그림책

이만큼 컸어요!
루스 크라우스 글 | 헬렌 옥슨버리 그림
웅진주니어

풀, 꽃, 나뭇잎이 자라요. 이를 보고 남자 아이가 강아지와 병아리에게 말해요. "우리도 조금씩 크고 있어." 성장하는 자신을 발견한 아이의 모습은 너무도 사랑스러워요. 루스 클라우스의 간결한 글과 헬렌 옥슨버리의 따뜻한 그림으로 성장의 이야기를 만나보세요.

아직은 작은 나
가사이 마리 글 | 오카다 치아키 그림
북뱅크

표지에는 자신에게 조금 큰 원피스를 입고 활짝 웃고 있는 여자아이가 있어요. 아이는 아직은 이것도 저것도 잘 못하는 작은 아이지만 언젠가 다 잘할 수 있을 거라고 말해요. 지금은 자고 있으니까요. '나' 대신 아이의 이름으로 바꾸어 그림책을 읽어 보세요.

너를 기다려주고
항상 믿어줄 거야

화분 혹은 텃밭에 씨앗을 심어본 경험이 있는가? 나는 씨앗을 심으며 그 안에 담긴 놀라운 힘을 의심할 때가 많다. 잘 자라기를 바라면서도 과연 싹을 잘 틔울지, 꽃을 피울 수 있을지, 열매를 맺을 수 있을지 의심하곤 한다. 그런데 싹이 나고, 줄기가 쑥쑥 자라나오는 모습을 보면 작은 씨앗이 담고 있었던 놀라운 힘에 감동을 받는다.

『화가 난 수박 씨앗』(사토 와키코 글·그림, 한림출판사)에는 작은 씨앗의 놀라운 이야기가 유쾌하고 묵직하게 담겨 있다. 이 그림책은 『도깨비를 빨아버린 우리 엄마』(사토 와키코 글·그림, 한림출판사)로 유명한 작가 사토 와키코의 호호할머니 시리즈 중 한 권이다. 책 속에서 할머니는 수박 씨앗 하나를 땅에 묻으며 맛있는 수박이 열리기를 빈다. 그 모습을 나무 위에서 지켜보던 고양이는 혹시 할머니가 좋은 것을 땅에 묻었나 싶어 몰래 가서 땅을 파본다. 그러나 씨앗인 것을 발견하고 실망한다.

"시시한 수박 씨앗이잖아."

고양이는 다시 수박 씨앗을 땅에 묻는다. 그 모습을 멀리서 지켜보던 강아지는 고양이가 자리를 뜨자 땅을 파보고는 실망한다. 그 뒤에도 다양한 동물들이 씨앗을 파고 묻고 반복하며, 수박 씨앗을 하찮고 시시한 존재로 평가한다. 결국 수박 씨앗은 이런 반복되는 상황에 화가 난다. 그 화를 성장 에너지로 사용하여 할머니 침대뿐만 아니라 자신을 무시했던 동물들의 집 앞까지 자라난다. 수박 씨앗은 커다란 수박이 될 수 있는 엄청난 잠재력을 가지고 있었던 것이다.

나는 작은 수박 씨앗의 모습에서 아이를 본다. 그리고 의심스러운 표정과 말로 아이를 좌절하게 했던 순간들을 돌아본다. 처음 엄마 손을 붙잡고 설 때, 그 작은 다리는 세상을 누빌 힘을 이미 담고 있었다. 엄마의 손가락 하나를 손바닥으로 꼭 감쌀 때, 그 작은 손은 이미 그림을 그리며 상상의 나래를 펼치고, 책장을 넘기며 지혜를 쌓고, 누군가에게 사랑을 전할 힘을 가득 담고 있었다. 그렇게 작은 몸집의 아이 안에는 세상을 움직일 놀라운 힘이 있었다.

아이가 어릴 때 조금 더 믿어주지 못하고, 한 번 더 쓰다듬어주지 못한 순간들은 시간이 지나고 나면 큰 아쉬움으로 남는다. 신뢰를 받고 자라지 못한 씨앗은 커다란 수박으로 성장했지만, 마음에는 분노를 품고 있었다. 아이가 엄마의 신뢰를 받지 못하고, 마음속에 분노를 품고 자라난다면 어떻게 될지 아찔해진다.

· 아이의 인내심은 쌓아둔 믿음에서 온다 ·

1960년대 심리학자 월터 미셸Walter Mischel의 '즉각적 유혹을 견디는 학습' 실험은 유명하다. 4세 아이 앞에 마시멜로를 두면서 먹지 않고 기다리면 두 개를 준다고 말한다. 결과는 보자마자 바로 먹는 아이, 참다가 먹는 아이, 끝까지 먹지 않는 아이 이렇게 세 부류로 나뉘었다. 훗날 이 아이들의 성장 과정을 지켜보니, 끝까지 먹지 않았던 아이가 학업이나 사회적 성취도가 높았다. 유혹을 조절하는 자제력이 높은 성취를 만든다는 것이 실험의 결과다.

캐나다의 과학자들은 이런 부류 아이들의 특별한 비밀을 알아내기 위해 새로운 실험을 했다. 선생님은 아이들에게 닳은 크레파스를 주고, 그림을 그리지 않고 기다리고 있으면 새 크레파스를 준다고 말했다. 얼마 후, 절반의 아이에게는 약속대로 새 크레파스를 주고, 절반의 아이에게는 새 크레파스가 없다며 그냥 닳은 크레파스를 쓰라고 했다. 절반의 아이들은 신뢰를 경험했고, 나머지 아이들은 불신을 경험한 것이다. 그리고 이 아이들에게 마시멜로 실험을 했다. 그러자 새 크레파스를 받았던 아이들은 마시멜로를 먹지 않고 기다렸지만, 헌 크레파스를 받았던 아이들은 마시멜로를 바로 먹어버렸다.

이 실험은 엄마를 뜨끔하게 한다. 엄마와 아이 앞에 얼마나 많은 마시멜로가 있었을까? 유혹을 견디지 못한 아이 탓을 했지만, 사실은 '신뢰'라는 변수가 있었던 것이다. 아이가 참고 기다리는 힘은 신뢰에서 온다. 엄마가 약속을 지키는 것은 아이에게 신뢰를 가르치는 일이다.

『쿠키 한 입의 인생 수업』(에이미 크루즈 로젠탈 글, 제인 다이어 그림, 책읽는곰)은 내 삶의 교과서 같은 그림책이다. 이 그림책은 쿠키를 통해 중요한 삶의 가치를 알려준다. 아이는 쿠키를 오븐에 넣고 이렇게 말한다. 참는다는 것은 쿠키가 다 익을 때까지 기다리고 또 기다리는 일이라고 말이다. 자신이 만든 반죽이 쿠키가 된다는 신뢰가 있을 때, 아이는 오븐 앞에서 기다리고 또 기다리는 힘을 갖게 된다. 설령 맛있는 쿠키가 되지 않는다고 해도 문제 요소를 알아내 다시 반죽을 하고 또 기다리면 된다. 이는 엄마가 아이에게 보여주었던 신뢰를 바탕으로 자기 신뢰를 쌓은 아이가 가질 수 있는 힘이다.

• 어떤 순간에도 아이를 믿어준다 •

내 생각이 앞서 아이의 행동을 판단하고, 아이를 불신하는 말들로 채웠던 순간들이 떠오른다. 남편과 대화를 하며 가끔이라도 나를 불신하고 있다는 느낌을 받으면 참 억울할 때가 있다. 아이와 처지를 바꾸어 생각해보니 아이가 억울하고 슬플 것 같다는 생각이 든다.

언젠가 대학 동창이 나에게 이런 말을 했다. 내가 계속 도전하며 성장하는 이유가 나의 엄마 덕분인 것 같다고 말이다. 그러면서 친구는 내가 무슨 일을 하든지 엄마가 항상 믿어주고 응원해주는 모습이 참 부러웠다고 말했다. 친구는 내가 놓쳤던 엄마의 말들을 마음에 담아두고 있었던 것이다. 그 얘기를 듣고 가만히 생각해보니, 나의 엄마는 정말 그러셨다. 성적이 엉망이어도 다음에는 더 잘할 거라고 하셨고, 직업이나 배우자 등 나의 결정을 언제나 지지하고 믿어주셨다. 나의 열정 에너지가 엄마가 어렸을 때부터 보내주셨던 믿음에서 온 것이라고 생각하니 마음이 뭉클해졌다.

내가 엄마가 되고 보니 아이를 믿어주는 것은 정말 쉽지 않다. 아이의 행동을 보며 늘 걱정과 조바심이 가득 차 있고, 내 생각이 먼저 앞서서 아이를 판단하게 된다. 그저 아이를 믿고 기다려주는 것이 가장 중요한 일인데 말이다. 엄마는 『쿠키 한 입의 인생 수업』 속 아이처럼 쿠키가 익을 때까지 믿고 가만히 기다려주는 태도가 필요하다. 나는 강의를 하며 '믿음'과 '기다림'을 짝꿍 단어로 소개한다. 엄마의 믿음과 기다림 안에서 성장한 아이는 분명히 안다. 자신이 얼마나 축복 속에서 자랐는지를 말이다.

아이와의 약속을 잘 지키며 신뢰 마일리지를 잘 쌓아보자. 아이가 엄마와 쌓아둔 신뢰를 바탕으로 스스로를 신뢰하고 사람들과 건강한 관계를 만들 수 있도록 응원해주자. 우리 엄마는 항상 나를 믿어준다는 단단한 믿음은 살아가며 흔들리는 아이를 바르게 잡아준다. '오늘도 아이를 믿어준다. 언제나 아이를 믿어준다. 끝까지 아이를 믿어준다.' 다짐해보자.

Mom's talk

엄마는 항상 네 편이야

작은 씨앗이 있었어.

씨앗은 자신이
무엇이 될지 궁금했지.

매일 쑥쑥 자란 씨앗은
꽃을 피우고 열매 맺게 되었어.
작은 몸에서 엄청난 일을 해낸 거야.

네게도 씨앗처럼 놀라운 힘이 담겨 있단다.
엄마는 그 힘을 가진 너를 믿어.
너도 너를 믿어봐.

엄마는 항상 네 편이야.
넌 결국엔 잘 해낼 거야.

Plus Picture Book

내 안의 힘을 믿을 수 있도록 도와주는 그림책

내 안에 나무
코리나 루켄 글·그림 | 나는별

아이 안에 엄청난 나무가 자라고 있다는 것을 알려주는 그림책이에요. 나무뿌리들은 서로 연결되어 있고, 신뢰와 연대감 속에서 함께 살아갑니다. 형광 별색을 사용하여 내 안에 담고 있는 빛깔을 아름답게 표현하고 있어요. 아이 안의 나무를 믿고 응원해주세요.

고래가 보고 싶거든
줄리 폴리아노 글 | 에린 E. 스테드 그림
문학동네

고래가 보고 싶은 아이는 바다를 바라봅니다. 하지만 고래는 쉽게 나타나지 않아요. 그래도 아이는 기다리고 또 기다립니다. 기다리는 마음은 고래를 볼 수 있다는 믿음에서 시작되지요. 믿음을 품은 기다림의 끝은 어떻게 될까요?

엄마는 언제나 네 곁에 있단다

"빨리 집으로 다시 와야겠어. 엄마를 찾는지 울음을 그치지 않아."

아들이 돌 즈음의 일이다. 오랜만에 나만의 시간을 위한 흥분된 외출은 그렇게 끝나버렸다. 아들은 내 품에 안기자마자 울음을 그치고 숨을 몰아쉬며 계속 흐느꼈다. 나와 보이지 않는 끈으로 연결된 아들은 잠시지만 엄마의 부재가 두렵고 힘들었나 보다. 아들은 초등학교 입학 전까지 그야말로 엄마 껌딱지, 엄마바라기였다.

그러던 아들이 자라 초등학교 2학년이 되어 2박 3일간 여름 수

련회를 간 적이 있다. 밥은 잘 먹고, 잠은 잘 자는지, 친구들과 문제는 없는지, 불편한 점은 없는지 등 나는 아들의 모든 것이 궁금했다. 그러나 모두 나의 기우였을 뿐, 아들은 새로운 곳에 너무 잘 적응하며 즐겁게 지내고 있었다. 아들은 매년 여름 수련회를 기다렸고 다음 해에도, 그다음 해에도 즐겁게 다녀왔다. 엄마 껌딱지였던 녀석이 혼자 잘 지낸다는 것이 대견하면서도 한편으로는 서운한 양가감정이 들었다. 그 서운한 마음에는 그리움이 있었는지도 모르겠다. 금방 다시 만날 텐데 오히려 엄마인 내가 분리 불안을 느끼고 있었다. 아들은 엄마와 떨어진 시간에 새로운 경험을 하며 조금씩 성장하고 있었다. 이런 아들을 응원하는 것이 엄마의 역할임을 자꾸만 잊는다. 결국 양육의 최종 목적은 독립인데 말이다.

『우리는 언제나 다시 만나』(윤여림 글, 안녕달 그림, 위즈덤하우스)는 이런 엄마의 마음을 잘 표현한 그림책이다. 나는 이 그림책을 읽는 내내 울컥하는 마음을 감출 수 없었다. 이야기는 아이가 유치원에서 하루 동안 캠프를 하고 나오는 날, 엄마가 과거를 회상하는 장면에서 시작한다. 까꿍 놀이를 하며 엄마 얼굴이 사라졌다가 다시 보이면 아이는 까르르 웃고, 엄마도 웃는 아이를 보며 행복하게 웃는다. 엄마가 잠깐 쓰레기만 버리고 와도 문 앞에서 목 놓아 울던 아이가 성장하여 엄마 없이 씩씩하게 유치원 캠프를 다녀온다. 어릴 적 아이가 느꼈던 불안을 이제는 엄마가 느낀다. 엄마의 허전함은 아이의 방안을 가득 채운다.

　엄마라면 애착이라는 단어가 친숙할 것이다. 애착이란 영아와 주된 양육자 사이에 형성된 정서적 유대감을 말한다. 양육자가 아이에게 얼마나 민감하게 반응하고 상호 작용하였는지에 따라 안정 애착 혹은 불안정 애착이 형성된다. 양육자와 안정적으로 형성된 애착은 아이의 긍정적인 사회성 발달의 시작이다. 그래서 아이가 사회적 관계의 어려움을 겪게 되면 전문가들은 영아기 때 아이와 주된 양육자 간의 애착 형성에 관해 묻는다. 하지만 한 번 형성되었다고 해서 평생 같은 애착 형태로 살아가지는 않는다.

　최근 성인 애착 유형검사에 관심이 커지고 있다. 성인이 어릴 적 부모와 어떤 애착 관계를 형성했는지 알아보는 검사다. 만약 불안정하게 애착이 형성되어 있다면, 자신의 아이에게 이를 대물림할 수 있다. 그렇다고 자신의 부모를 원망해서는 안 된다. 앞서 말했지만, 애착 유형은 변화할 수 있다. 만약 엄마가 아이에게 영아기에 안정적으로 애착 형성을 해주지 못했다 하더라도 적기를 놓쳤을 뿐이지 얼마든지 변화할 수 있다.

　우리는 언제나 다시 만난다는 믿음이 서로의 마음속에 자리하고 있다면, 잠시 떨어져 있는 동안에도 건강하게 지낼 수 있다. 아이가 유치원이나 어린이집에 있는 동안, 학원에서 수업에 참여하는 동안, 놀이터에서 친구들과 즐겁게 노는 동안 말이다. 그리고 다시 만났을 때는 잠시 떨어진 시간에 있었던 각자의 이야기를 마음껏 쏟아내면 된다.

『우리는 언제나 다시 만나』에서 아들이 제일 싫어하는 장면이 있다. 아이가 유치원에서 하루 자던 날과 국토 순례를 떠난 날에 엄마가 혼자 앉아 아이를 그리워하는 장면이다. 아들은 내가 이렇게 지내지 않았으면 좋겠다고 했다. 덧붙여 자신이 없는 동안 일을 하든, 친구를 만나든, 쇼핑을 하든, 책을 읽든 엄마의 삶을 즐기라고 말했다. 나는 아들이 내 마음을 다 모른다는 생각에 살짝 서운함이 밀려왔다. 그래도 아들에게 꼭 말해주고 싶었다. 떨어져 있는 시간에는 각자의 일에 집중하지만, 엄마 마음은 언제나 네가 있는 쪽을 바라보고 있다고 말이다. 언젠가 아이가 더 멀리 떠나는 순간이 올 것이다. 아주 오랫동안 떨어지는 날도 올 수 있다. 이때 엄마는 아이가 마음껏 날아다니다가 힘들 때면 따뜻하게 쉴 수 있는 가슴을 준비하고 있으면 된다.

〈학교 가는 길, 차다〉라는 다큐멘터리가 가슴 속에 강렬하게 남아 있다. 아버지가 일 년에 한 번 얼음길이 열리는 때를 기다렸다가 아이들을 학교에 데려다주는 감동적인 이야기다. 히말라야산맥 3,800m에 위치한 인도 잔스카의 차 마을, 이곳에 사는 사람들은 평온한 마을에서 가축을 기르고 행복하게 산다. 그러나 이곳에 사는 어린 아이들은 더 나은 미래를 위해 학교에서 공부하고 싶어한다. 자녀를 학교에 보내기 위해서 부모는 큰 결심을 해야 한다. 이들이 사는 마을에서 학교가 있는 마을까지는 걸어서 10일이 걸리기 때문이다. 마을은 평소 험한 산과 물 때문에 빠져나가기 어려워서 강이 어는 겨울에만 다른 마을로 이동할 수 있다. 위험한 절벽과 얼음길 그리고 차디찬 계곡물을 헤치고 가야 하지만 아버지들은 목숨을 걸고 아이들과 출발한다. 그들은 차가운 물에 다리가 빠지는 상황 속에서도 아이와 책은 물에 젖지 않도록 한다. 목숨을 걸고 발에 동상이 걸리면서도 위험한 길을 가는 이유는 아이가 자신처럼 살기를 원하지 않기 때문이다. 10일의 힘든 고생 끝에 학교가 있는 마을에 도착한 아버지들은 이제 일 년 후에나 아이를 볼 수 있다는 사실에 가슴이 먹먹해진다.

"힘들게 걸어 온 것을 생각하면 어떻게 해야겠어? 열심히 해."
"네."

10일간의 학교 가는 길은 서로 흐느끼며 끝이 난다. 이제 아버지는 다시 마을로 돌아가야 한다. 그리고 일 년 뒤 다시 강이 얼어붙는 겨울이 되면 아버지는 아이를 만나러 다시 올 것이다. 지금은 헤어지지만, 아버지와 아이는 다시 만날 것을 안다. 일 년 후 그들의 만남은 얼마나 벅차오를까? 아이는 자신을 응원하고 기다릴 가족들의 사랑을 생각하며 힘을 낼 것이다.

50대의 어머니께서 내 강의를 듣고 『우리는 언제나 다시 만나』를 녹음하여 딸에게 보냈다는 메일을 받은 적이 있다. 대기업을 다니며 지친 딸에게 언제든 힘들 때 엄마 곁으로 오라고 말해주고 싶었다고 하셨다. 그 메일에 나는 정채봉 시인의 「엄마가 휴가를 나온다면」이라는 시 한 편을 답장으로 보냈다.

하늘나라에 가 계시는
엄마가
하루 휴가를 얻어 오신다면
아니 아니 아니 아니
반나절 반 시간도 안 된다면
단 5분
그래, 5분만 온대도 나는
원이 없겠다

얼른 엄마 품속에 들어가

엄마와 눈 맞춤을 하고
젖가슴을 만지고
그리고 한 번만이라도
엄마!
하고 소리 내어 불러보고
숨겨놓은 세상사 중
딱 한 가지 억울했던 그 일을 일러바치고
엉엉 울겠다

    나는 이 시를 읽을 때마다 울컥해진다. 어릴 적 엄마의 품에서 엄마 냄새를 맡고 있으면 모든 시름이 사라지는 것 같았다. 우주의 중심이 된 듯 웅장했던 그때의 기분이 지금 내가 바로 설 수 있는 에너지의 기원인 듯하다. 그 어떤 상황에서도 엄마가 아이 곁에 있을 거라는 믿음은 든든함이 되어 아이를 자유롭게 날게 한다.

    아이 곁에서 든든한 지지자가 되어주기 위해서는 엄마에게도 에너지 충전이 필요하다. 엄마의 삶에도 좌절하는 순간이 있고, 힘든 감정에서 헤어나오지 못하는 날들도 있다. 더구나 아이와 관련된 문제가 엄마를 힘들게 하면 충전된 엄마로 살아갈 동력을 잃게 된다. 그럴 땐 엄마 마음에 가시가 돋거나 모난 돌들이 솟아나 아이를 안아주기 힘겨울 수 있다. 그럴 땐 엄마의 품을 따뜻하게 만들어 줄 충전이 필요하다. 내 삶의 충전기는 무엇인가? 나의 에너지를 가득 충전해줄 수 있는 것을 찾아보자. 작고 사소한 일이라도 괜찮다. 때로는 차 한 잔이 급속충전기가 될 수도 있다. 『우리는 언제나 다시 만나』의 마지막 장면에서 엄마의 품에 안겨 잠이든 아이의 모습은 편안해 보인다. 아이는 엄마 품에서 세상의 중심이 되는 힘을 얻는다. 그래서 엄마는 위대한 존재다.

Mom's talk

언제나 엄마 품으로 오렴

사랑하는 아이야.
세상을 혼자서 자유롭게 날아다니다가
지치고 힘들거나
억울한 일이 생겨 분하거나
외로움이 찾아와 눈물이 날 때는
언제나 엄마 품에 안기렴.

엄마 품에서 네 몸과 마음이 충전되고
다시 날아오를 힘을 얻을 때까지
엄마가 꼭 안아줄게.

엄마는 언제나 너를 향하고 있단다.

Plus Picture Book

만남을 약속하는 그림책

내 차를 운전하기 위해서는

채인선 글·박현주 그림 | 논장

사람은 저마다 자신의 차를 가지고 태어나요. 언젠가는 아이가 성장하여 혼자 차를 운전하는 날이 오겠지요? 이 그림책은 어른이 되어 자신의 차를 타고 가는 아이를 만날 설렘을 갖게 합니다.

안녕, 나의 등대

소피 블랙올 글·그림 | 비룡소

"여기예요! 여기 등대가 있어요!" 파도치는 바다를 지키고 있는 등대의 모습이 엄마와 같아 보여요. 아이가 자유롭게 항해하다가 같은 자리에 있는 엄마 등대를 향해 달려와 주기를 소망하게 됩니다. 바다의 물결을 표현한 그림이 예술적이에요.

CHAPTER 05

시련을 이겨내는 힘, 회복 탄력성

힘든 일 뒤에는
멋진 성장이 기다리고 있단다

어느 날 딸과 함께 인터넷 강의를 듣다가 강사가 강좌의 시작을 그림책으로 여는 것을 보았다. 우리는 강사가 소개하는 그림책 이야기를 흥미롭게 들었다. 바로 『조랑말과 나』(홍그림 글·그림, 이야기꽃)라는 작품이다. 주인공은 조랑말과 함께 여행을 떠난다. 그런데 갑자기 이상한 녀석이 나타나 조랑말을 다치게 한다. 주인공은 조랑말을 치료해주고 다시 길을 나선다. 그 이후로도 갑자기 이상한 녀석을 만나 조랑말이 상처를 입고, 주인공이 조랑말을 치료해주고, 다시 여행을 떠나는 패턴이 반복된다. 예상할 수 없는 시련들이 계속 찾아오지만 주인공은 포기하지 않는다. 여기서 조랑말은 주인공의 또 다른 자아로 해석할 수 있다. 또 정체불명의 이상한 녀석들은 예측 불가능한 시련으로 볼 수 있다. 힘든 시련은 우리의 몸과 마음을 산산조각 내고 일어설 수 없을 정도로 힘들게 만든다. 인터넷 강사는 학생들에게 이 책을 소개하면서 입시를 준비하며 좌절하는 순간이 생길 수도 있지만, 시련 안에서도 의미를 찾고 끝까지 노력해보자는 동기부여를 했다. 과목에서 몇 등급을 받느냐보다 더 중요한 건 건강한 삶의 태도라는 것을 우리는 이미 알고 있다. 강사가 던진 메시지는 나에게 잠시 시련의 의미를 생각해보는 계기가 되었다.

· 시련은 당연하다 ·

어느 정신과 의사가 크고 작은 시련이 평균적으로 2주에 한 번씩 온다는 재미있는 통계를 소개했다. 알다시피 시련은 누구에게나 찾아온다. 예측할 수 없으니 두렵고 힘들다. 하지만 부모인 우리는 그것이 인생이라는 것을 잘 알고 있다. 그렇기에 시련 앞에서 이를 잘 수용하고 대처하는 지혜를 아이에게 전해줘야 한다. 그래서 나는 미래 일기를 쓴다. 지금의 시련을 잘 이겨내고 활짝 웃으며 가까운 미래에서 잘 살아가고 있는 나의 모습을 상상해보는 것이다. 힘들었던 일이 무엇이었고, 그것을 이겨낸 지금의 나는 어떤 모습이 되었는지, 즉 미래의 내 모습을 상상하며 미래 일기를 쓴다. 미래 일기는 내가 만들어낸 미래의 내가 현재의 나를 잘 끌어줄 수 있도록 도와준다.

이렇게 글로 쓰지 않고 이미지 훈련을 하기만 해도 도움이 된다. 주인공이 시련을 당차게 이겨내는 그림책의 장면들을 활용해보자. 그림책 속 주인공은 어려움을 이겨내고 성장하는 에너지를 갖고 있다. 시련을 이겨내는 주인공이 아이 자신이라고 상상할 수 있도록 도와주자. 그림책에 주인공 대신 아이 사진을 오려 붙여주어도 좋다. 이러한 이미지 훈련은 아이가 자신 앞의 힘든 시련을 이겨내야 할 때 큰 도움이 된다.

· 여름이 존재하는 이유는 ·

몇 년 전 무더위 속에서 『여름,』(이소영 글·그림, 글로연)을 만났다. 여름 다음에 쉼표가 있는 제목의 의미를 생각해보며 책을 펼쳤다. 그림책 속의 사람들은 여름을 무거운 아기로, 질질 끌리는 모래주머니로, 낮잠을 부르는 방석으로, 녹는 젤리로, 뜨끈뜨끈한 찜질팩 등으로 표현한다. 여름은 우리의 몸과 마음을 무겁고 늘어지게 만들기 때문이다. 그때, '이제 그만.'이라는 빨간 마침표로 이야기의 전환이 이루어진다. 그리고 사람들은 무더운 날씨에 대한 원망에서 벗어나 여름의 의미를 재해석하기 시작한다. 나는 여름을 사랑할 수밖에 없게 만드는 작가의 탁월함에 매료되었다. 그러다 동네 작은 그림책방에서 원화전을 한다는 것을 알았다. 나는 가족들과 함께 그림책방으로 향했고, 그곳에서 원화를 감상하며 작가가 말하고 있는 여름의 의미에 대해 서로 이야기를 나누었다. 그리고 각자에게 가장 인상 깊은 장면들을 찾아보았다. 사계절 중 여름을 가장 싫어하는 남편마저도 이 그림책의 매력에 빠져들었나 보다. 원화전 담당자에게 프린팅된 그림을 구입하고 싶다는 상담까지 하는 것이 아닌가? 그날의 벅찬 감동은 잊을 수가 없다. 그림책에 관심을 보이는 가족들의 모습에 나는 물 만난 물고기처럼 그림책에 관한 이런저런 이야기를 했다. 행복하게 나눈 그날의 추억은 더운 여름의 강렬함만큼 빛나는 기억으로 남았다. 그림책을 소개하던 나의 목소리, 표정, 동작을 기억하며 힘겨운 순간 그림책이 전해주었던 감동이 가족들에게 떠오르기를 간절히 소망한다.

    우리가 가져야 할 삶의 태도는 여름이 싫다고 투덜거리며 빨리 지나가기를 바라는 것이 아니라 여름을 잘 보내고, 그 뒤에 찾아올 풍요의 계절을 맞이하는 것이 아닐까? 당장은 힘든 일이 벅차고 어렵게 느껴지지만, 이것이 작은 성장의 발판임을 알고 있어야 견디고 이겨낼 힘을 얻을 수 있다.

나는 힘든 일이 있을 때마다 나의 멘토에게 전화를 한다. 그럴 때마다 멘토의 대답은 늘 똑같다.

"그런 일이 있었구나. 축복이네."

예전에는 나의 어려움을 전혀 공감해주지 않는 것 같아서 서운하고 속상했다. 하지만 지금은 그 말에 어려움을 잘 헤치고 지나가라는 용기와 그 뒤에 찾아올 성장을 기대하는 응원이 담겨 있는 것을 안다. 지혜로운 사람들은 힘든 일이 찾아올 때마다 자신이 축적한 경험의 데이터베이스에서 해결 방법을 찾아 헤쳐나간다. 엄마는 아이와 함께 시련을 이겨낼 수 있는 경험을 하나씩 쌓아두어야 한다. 이때 엄마의 스토리텔링은 아이에게 큰 도움이 된다. 『조랑말과 나』를 통해 이상한 녀석이 나타나 여행길을 방해할 때는 잠시 재정비하고 다시 여행을 시작하라고, 『여름,』을 통해 무더운 여름이 찾아왔을 때는 이를 잘 견디고 아름답게 찾아올 가을을 기대하라고 아이에게 말해주자. 힘든 일이 있을 때마다 엄마가 곁에서 손을 잡아줄 테니 걱정하지 말라는 지지도 함께 전해주자.

Mom's talk

힘든 일을 겪고 나면 깨닫는 세 가지

힘든 일을 경험하고 나면 세 가지를 알게 된단다.

첫 번째는 어려움을 이겨낼 힘이
이미 네 안에 있었다는 사실이야.
그러니 힘든 일이 생겼다고 너무 걱정하지 마.
너는 어려움을 이겨낼 수 있는 단단한 아이란다.

두 번째는 어려움 뒤에
좋은 일이 기다리고 있다는 거야.
너에게 있을 좋은 일을 기대하면서 잘 이겨내보렴.

세 번째는 엄마가 너와 늘 함께한다는 사실이야.
엄마는 언제나 네 곁에서 너를 응원하고 있단다.

힘든 일 뒤에는 네가 한 뼘 더 자랄 거야.
너의 모습을 기대해봐!

Plus Picture Book

시련 뒤 성장을 그리는 그림책

나는 강물처럼 말해요
조던 스콧 글 | 시드니 스미스 그림
책읽는곰

아이는 소리 내어 말하기를 힘들어해요. 그래서 학교에서 발표하는 시간은 아이에게 힘든 시간이지요. 그런 아이에게 아빠는 어깨동무하며 "너는 강물처럼 말한다."라고 말해요. 소용돌이치고 굽이치다가 부딪치는 강물처럼 아픔을 딛고 자라나는 아이의 성장을 응원하는 말이랍니다.

작은 배추
구도 나오코 글 | 호테하마 다카시 그림
길벗어린이

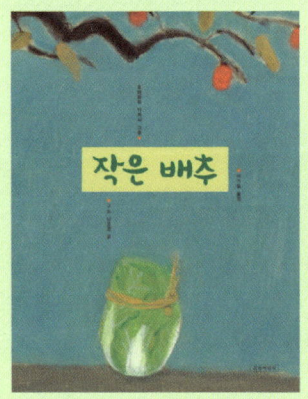

감나무 아래 작은 배추가 있어요. 트럭이 와서 다른 배추들을 싣고 가지만 작은 배추는 작아서 데려가지 않아요. 좌절하지 않고 성장하기 위해 노력하던 작은 배추는 결국 노란 꽃을 피우고 나비를 만나요. 어려움 속에서도 자신이 할 수 있는 최선을 다하는 작은 배추가 대견하고 사랑스럽답니다.

가슴이 답답할 때는
숨을 크게 쉬어봐

가수 루시드 폴의 노래는 감미롭고 유순하다. 그래서 나는 그의 노래를 들으면 마음이 정화되는 듯하다. 2005년 발매한 앨범 「오, 사랑」에는 〈물이 되는 꿈〉이란 노래가 수록되어 있는데, 이 노래에 이수지 작가의 그림이 더해져 『물이 되는 꿈』(루시드 폴 글, 이수지 그림, 청어람아이)이라는 그림책이 되었다. 5.7미터 길이의 병풍 형식으로 제작된 그림책을 펼치면 한 장의 긴 그림이 된다. 한동안 펼쳐서 사무실에 전시해둘 만큼 나는 이 그림책을 사랑했다. 루시드 폴의 노래와 함께 그림책을 감상하며 물이 되는 상상을 하면, 어디든 갈 수 있고 무엇이든 될 수 있을 것 같은 자유로움을 느꼈다.

그림책 속에는 한 아이가 보조 장비를 차고 수영장에 발을 담그고 앉아 있다. 아이가 바라보는 곳은 수영장의 물이다. 이내 아이는 물속으로 들어가 둥둥 떠서 천장을 바라본다. 아이는 물과 하나가 되며 물이 되는 꿈을 꾼다. 그 꿈은 꽃이 되고, 씨가 되고, 풀이 되는 꿈으로 연결되며 아이의 몸은 어느새 파란 물빛으로 물든다. 빗물이 되고, 강물이 되고, 바다가 되는 꿈을 상상할 수 있는 그곳은 바로 수영장 물속이다. 몸에 힘을 빼고 물에 뜬 편안함 속에서 아이는 자유롭게 상상한다.

이수지 작가는 물속에서 가장 편안하고 자유로운 이가 누구일지 생각하다가 몸이 불편한 아이들이 생각났다고 한다. 그래서 수중 재활 센터를 찾아갔고, 그곳에서 보고 느낀 것을 바탕으로 그림을 그렸다. 이수지 작가의 통찰은 정말 뛰어나다. 몸이 경직된 사람이라도 물속에서는 좀 더 편안하고 자유로울 수 있으니 말이다.

그림책 속 아이의 모습을 보고 있으면 내 마음도 편안해진다. 나는 마흔이 넘어서야 수영을 배웠다. 물속에서 처음으로 몸이 뜬 순간을 벅찬 감동으로 기억하고 있다. 수영장에서 나는 자유롭게 유영하는 고래가 된 듯한 기분이었다. 그래서 물속에서 자유롭게 다양한 꿈을 꾸는 아이에게 더욱 공감하게 되었다. 물속에서 자유로워지려면 몸의 힘을 빼고 물에 내 몸을 맡겨야 한다. 일상에서도 마찬가지다. 예측할 수 없는 다양한 일에 유연하게 대처하며 살기 위해서는 경직된 마음에 힘을 빼야 한다. 마치 물에 떠 있듯 내 마음을 고요하고 편안하게 만들어야 한다. 그림책 속 아이처럼 자유로울 수 있도록 말이다.

• 아이에게 알려주는 호흡의 기술 •

"행복한 삶을 살기 위해 어떤 것이 필요할까요?"라는 질문에 사람들은 자신의 가치관, 욕구, 경험을 떠올리며 답한다. 건강, 집, 돈, 인간관계, 음식, 애완동물 등 자신을 행복하게 만들어주는 것들은 다양하다. 나는 잠과 함께 호흡을 선택한다. 의식하면서 천천히 들이마시고 내쉬는 깊은 호흡 말이다. 이는 『물이 되는 꿈』의 아이가 물속에서 이완되고 자유로웠던 것처럼 우리의 마음을 잔잔한 물결처럼 만들어준다. 천천히 들이마시고 내쉬는 호흡 세 번이면 복잡하고 힘든 마음도 조금은 가라앉는다. 깊고 느린 호흡은 감정을 조절할 수 있게 돕고, 자신 앞의 문제를 해결할 힘을 준다. 경직된 몸과 마음의 힘을 빼기 위한 호흡에는 연습이 필요하다. 힘든 만큼 더 크게 들이마시고 더 깊이 뱉어보자. 감각에 집중하며 깊고 느리게 호흡하는 연습은 지친 뇌를 쉬게 하고, 몸과 마음을 이완시켜 안정을 가져다준다.

· 호흡도 할 줄 모르면서 ·

지방 강의를 마치고 온 토요일 가을밤이었다. 저녁을 맛있게 먹고, 종일 엄마를 보지 못했던 아이들과 이야기도 나누고, 함께 놀다가 잠자리에 들었다. 몸은 피곤했지만, 여느 때와 비슷한 일상이었다. 그런데 잠에 들려고 하는 순간 갑자기 가슴이 답답했고, 숨이 잘 쉬어지지 않아 마치 침실에 공기가 없는 것만 같았다.

"여보, 나 이상해. 숨을 못 쉬겠어."

거실에 있던 남편이 깜짝 놀라 등을 두드려주었지만 소용이 없었다. 잠든 아이들을 두고 남편과 응급실로 향했다. X-ray를 찍고 다양한 검사를 했지만 모두 이상이 없었다. 그리고 시간이 조금 흐른 후 알게 되었다. 그날 밤의 호흡 곤란은 심리적인 요인이었다. 연구소를 개소하고 새로운 프로그램들을 만들며 힘든 줄도 모르고 밤늦게까지 바쁘게 일했다. 그때는 알아차리지 못했지만, 몸과 마음이 많이 힘들었나 보다. 나는 몸과 마음이 하는 말을 전혀 듣고 있지 않았던 것이다.

그날 이후로 나는 명상, 뇌 호흡, 기 호흡 등 다양한 호흡법을 공부할 수 있는 기관들을 찾아다녔다. 그리고 숨이 들어오고 다시 나가는 호흡의 길에 집중했다. 호흡을 크게 들이마시고 천천히 내쉬면서 내 몸이 이완되는 경험을 할 수 있었다. 기 호흡을 30년간 수련하셨다는 선생님은 나의 상황을 들으시고는 바닥에 누워보라고 하셨다. 덧붙여 호흡을 연습할 때는 이미지를 연상하라고 하셨다. 인스턴트커피 알갱이가 물에 녹는 것처럼 내 몸이 녹아내리는 상상, 지구의 중력이 나를 끌어당긴다고 상상을 하며 호흡을 내쉬라고 알려주셨다. 호흡을 반복적으로 연습하는 동안 선생님은 낮은 목소리로 같은 문장을 반복하며 내게 들려주셨다.

"안 돼도 그만이다. 안 돼도 그만이다. 안 돼도 그만이다……."

반복된 선생님의 말씀을 들으며 호흡을 연습하는 동안 나는 참 많이 울었다. 나는 꼭 돼야 한다, 해야만 한다는 생각으로 몸과 마음을 돌보지 않았던 나 자신에게 너무도 미안했다. 기 호흡 수련원을 다닌 몇 개월은 호흡을 통해 내 몸과 마음을 챙기는 시간이었다. 나는 초등학생이던 딸과 함께 기 호흡 수련원을 다녔다. 영어, 수학 학원에서는 얻을 수 없는 삶의 기술을 알려줄 수 있을 것 같았다. 딸은 굳이 호흡을 왜 배우는 건지, 호흡을 통한 이완이 무엇인지 잘 알지 못하는 듯했다. 하지만 지금은 긴장되거나 불안할 때 배운 호흡을 활용해본다고 한다.

살다 보면 아이에게 예측하지 못한 불안한 순간, 눈물 나게 슬픈 순간, 위축되고 긴장된 순간이 찾아올 것이다. 깊은 호흡으로 몸을 이완시키며 자신을 토닥이는 법을 알려주자.『물이 되는 꿈』의 아이가 물속에서 이완하고 자유롭게 물이 되는 상상을 했던 것처럼 말이다. 호흡으로 이완된 몸과 마음으로 자신 앞에 놓인 일에 서두르지 않고, 자신의 속도를 조절할 수 있도록 도와주자.

Mom's talk

크게 들이마시고! 천천히 내쉬고!

호랑이가 네 앞에 있다고 상상해봐.
얼굴은 공포가 가득해 일그러져 있을 거고,
어깨는 목에 닿을 만큼 움츠러져 있겠지?
너무 무서워서 네 몸은 아마 얼음처럼 굳어버릴 거야.

네가 평소에 긴장하거나 두려워하는 순간에도
호랑이가 쫓아오는 것처럼 몸이 굳을 때가 있을 거야.

그때는 몸을 먼저 편안하게 풀어줘.
하나, 둘, 셋! 숨을 크게 들이마시고,
하나, 둘, 셋! 천천히 내쉬는 거야.

호흡과 친구가 되면
네 마음은 잔잔한 강물처럼 편안할 거야.

Plus Picture Book

호흡과 관련된 그림책

숨이 차오를 때까지
진보라 글·그림 | 웅진주니어

오래달리기를 하는 날이에요. 무려 200미터 트랙을 여섯 바퀴나 돌아야 하지요. 완주하기 위해서는 호흡 조절을 잘하고 나만의 속도로 달려야 합니다. 달리고 있는 아이들이 내뱉는 호흡을 중심으로 감상해보세요.

어린이 요가 놀이
수전 베르데 글 | 피터 H. 레이놀즈 그림
담앤북스

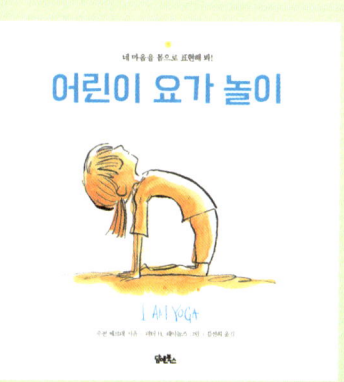

힘든 상황일 때 주인공은 마음에게 말해요. "잠자코 있으렴." 심장에게 말해요. "천천히 뛰렴." 그림책은 자신을 토닥이며 몸과 마음을 이완시킬 수 있는 요가 동작을 보여줍니다. 글을 따라 읽는 것만으로도 마음이 잔잔해질 거예요.

힘든 날에는
엄마가 만들어준 음식을 떠올리렴

사무실 근처에 유명하다는 만둣국을 먹으러 갔다. 정성스럽게 손으로 빚은 작은 김치 만두를 넣고 정갈한 고명을 올린 만둣국이었다. 나는 코끝에서 느껴지는 만둣국 냄새에서 알 수 없는 뭉클함을 느꼈다. 혀에서 느껴지는 만두소의 식감과 진한 사골 육수의 구수함은 명절이면 늘 힘들게 만두 수백 개를 만드시던 엄마의 만둣국 맛과 비슷했다. 황해도가 고향이신 할머니로부터 배운 엄마의 특별한 만두는 든든함으로 내게 남아 있다. 그날의 식사는 고단하고 지친 나의 마음을 뜨겁게 위로해주며 엄마의 기억을 떠오르게 했다.

추억의 음식을 먹으면 그때 느꼈던 다양한 감정들까지도 소환된다. 어렸을 적 엄마를 졸라 받은 100원으로 사 먹었던 문방구의 불량 식품들을 인사동 길거리에서 만나면 옛 기억들이 떠올라 수다쟁이가 된다. 또 어떤 음식들은 함께 먹었던 소중한 사람들을 떠오르게 한다. 나를 행복하게 하는 음식은 무엇인가? 내가 사랑하는 사람을 생각하면 어떤 음식이 떠오르는가?

· 음식의 기억으로 힘든 순간을 이기다 ·

개인적으로 무척 좋아하는 그림책 작가 윌리엄 스타이그William Steig의 작품 중에는 가족의 소중함을 일깨우는 이야기들이 많다. 그래서 나는 가정의 달인 5월의 그림책 작가로 윌리엄 스타이그를 자주 소개한다. 그의 작품 중 『용감한 아이린』(윌리엄 스타이그 글·그림, 비룡소)의 아이린은 제목 그대로 용감한 아이다. 아이린은 양재사인 엄마가 아프자 대신 옷 배달을 간다. 눈보라가 심하게 몰아치는 날이었지만, 아이린은 엄마가 공작부인의 드레스를 만들며 얼마나 정성을 다했는지를 알기에 엄마의 노력을 무시할 수 없었다. 하지만 강한 눈보라에 드레스가 날아가 버리고 설상가상으로 아이린은 다리를 삐끗한다. 날은 점점 어두워지고 눈은 쉬지 않고 내린다. 아이린은 힘겹게 한 걸음씩 내딛다가 그만 눈 속에 파묻히고 만다.

하지만 이내 아이린은 당찬 표정으로 다시 일어난다. 어떤 힘이 아이린을 일으켜 세운 것일까? 죽음과 가까운 순간에 아이린을 일으켜 세운 것은 바로 엄마가 갓 구운 빵 냄새였다. 나는 이 장면을 정말 좋아한다. 아이린은 회복 탄력성이 높은 아이다. 회복 탄력성이 높은 사람의 공통점 중 하나는 자신을 믿어주고 지지하는 사람이 곁에 있다는 것이다. 아이린은 자신을 늘 믿어주는 엄마가 있었기에 힘든 순간에도 일어설 수 있었던 것이다.

나는 아이린의 야무지고 당찬 성격이 좋아 팬이 되었다. 그림책 속 아이린을 오려서 액자에 넣어놓고, 'Just Like Irin!'이라고 SNS 상태 메시지에 써놓기도 했었다. 나도 우리 아이도 아이린처럼 세상의 힘든 시련이 찾아와도 이겨낼 수 있기를 바라면서 말이다.

언젠가 학부모들을 대상으로 한 강의에서 이 그림책을 소개하며 이런 질문을 했다.

"절망적인 순간 엄마가 구운 빵 냄새가 아이린을 일으킨 것처럼 나의 아이는 힘들 때 엄마의 어떤 음식을 떠올릴까요? 또 여러분에게는 어떤 음식이 힘을 주나요?"

평소에 떠올려보지 못한 질문에 학부모들은 생각이 많아 보였다. 그날 강연이 끝난 후, 강연의 기획자가 갑자기 내게 안기며 흐

느껴 울었다. 그녀는 자신이 바쁜 워킹맘이라 정성스럽게 음식을 만들어주지 못하기에 아마도 아이가 떠올릴 음식이 없을 것 같다는 말을 했다. 그녀는 절망적인 순간에도 아이를 일으켜 세워줄 만한 음식을 해주지 못했다는 죄책감에 슬퍼했다. 하지만 아이들은 이런 질문에 오히려 쉽게 대답하기도 한다. 아들은 내가 정성스럽게 만들어주었던 많은 음식을 뒤로하고 달걀프라이가 가장 좋다고 말했다. 조금 서운하기도 했지만, 달걀프라이면 어떠한가? 내가 만들어 준 음식을 먹으며 느꼈던 행복이 절망의 상황에서 아이가 일어설 수 있는 힘이 된다면 그것만으로도 족하다.

아이가 살다가 뿌리째 흔들릴 정도로 힘든 순간에 아이린이 다시 일어났던 그 장면을 떠올릴 수 있도록 해주자. 그리고 아이에게 아이린과 같은 상황이 생긴다면 어떤 음식이 떠오를 것 같은지 물어보자. 어릴 적 엄마로부터 받았던 사랑과 지지의 기억들은 절망의 순간에도 아이를 일으켜 세우는 힘이 된다. 그 사소한 기억 안에는 엄마가 만들어준 음식의 기억도 담겨 있다. 시련 속에서 아이린이 일어설 수 있었던 회복 탄력성은 자신을 믿어주고 지지해주는 한 사람이 있을 때 생기는 엄청난 에너지다.

Mom's talk

힘든 날에는 맛있는 음식을 먹으렴

슬프고 힘들어서 울고 싶은 날.
생각한 대로 잘되지 않는 날.
창피하고 부끄러운 날.
억울해서 화가 나는 날.
마음이 힘든 그런 날들이 있어.

그럴 때는 일단 맛있는 음식부터 먹으렴.
네게 힘을 줄 수 있는 그런 음식 말이야.

맛있는 음식을 먹고 나면
잘 이겨낼 힘이 생긴단다.

네게 힘을 주는 음식이 뭔지 엄마에게 알려줄래?
엄마의 사랑을 가득 담아 만들어줄게.
엄마의 음식은 힘을 주는 마법이 있단다.

Plus Picture Book

엄마의 음식을 다루는 그림책

산딸기 크림봉봉

에밀리 젠킨스 글 | 소피 블래콜 그림
씨드북

아름다운 그림 속에 수백 년이 흘러도 변하지 않는 산딸기 크림봉봉의 이야기가 담겨 있어요. 생활사가 바뀌며 도구는 달라져도 산딸기 크림봉봉이 가진 정신적 가치는 그대로지요. 사랑이 가득 담긴 가족만의 음식 역사를 이야기해보세요.

킁킁, 맛있는 냄새가 나

니시마키 가야코 글·그림 | 시공주니어

허겁지겁 밥을 먹은 사짱의 입가엔 달걀노른자, 손바닥엔 딸기잼, 앞치마에는 닭고기 수프가 얼룩덜룩 묻어 있어요. 사짱에게는 엄마가 해준 음식 냄새가 가득합니다. 엄마가 만들어준 음식이 아이에게 향기로 남아 있음을 느끼게 해주세요.

CHAPTER 06

아이 인생을 행복하게 만드는 비법, 긍정

너의 강점을 찾아보렴
너는 빛나고 있단다

"당신이 가장 잘하는 것은 무엇인가요?" 하고 핸드폰 AI에게 물은 적이 있다. AI는 나에게 웃음을 주는 일이라고 답했다. AI는 프로그래밍이 되어 있어 바로 대답할 수 있지만, 나는 대답하기 쉽지 않은 질문이었다. 내가 잘하는 것보다는 부족한 것에 더 집중하는 편이기 때문이다. 어쩌면 이는 진화론적으로 약점을 알고 보완하며 살아간 인간이 생존에서 더 유리했기 때문에 인간이 갖게 된 본능적인 생각일지도 모른다. 하지만 자신이 잘하는 것에 더욱 집중하고 살아갈 때, 건강한 성장과 함께 행복한 삶을 살 수 있다.

『내가 잘하는 건 뭘까』(구스노키 시게노리 글, 이시이 기요타카 그림, 북뱅크)의 배경은 1학년 교실이다. 선생님은 누구나 잘하는 것이 있다며 그것을 종이에 써보라고 아이들에게 말한다. 주인공 나는 고민에 빠진다. 아무리 생각해도 자신이 잘하는 것이 떠오르지 않기 때문이다. 어떤 친구는 달리기를 잘하고, 어떤 친구는 노래를 잘 부른다. 또 식물에 대해서라면 모르는 게 없는 친구도 있고, 수학을 잘하는 친구도 있으며, 힘이 센 친구도 있다. 하지만 주인공은 아무리 생각해도 자신이 잘하는 게 무엇인지 찾을 수가 없다. 긴장하고 움츠러든 주인공의 모습이 안타깝다. 부모에게 혹은 주변 사람들에게 자신이 잘하는 것에 칭찬을 들으며 자랐거나, 자신의 능력에 믿음을 가지고 있는 아이였다면 쉽게 자신의 강점을 말할 수 있었을지도 모른다.

부모들은 교만하지 않은 아이로 키우기 위해 겸손을 가르친다. 하지만 이런 질문에 제대로 대답할 자신이 없는 아이가 되는 건 슬픈 일이다. 혹시 그림책 속 주인공을 보며 그간 아이에게 강점을 찾아주지 못했던 미안함과 빨리 찾아줘야 할 것 같은 조급한 마음이 들지는 않는가?

• 강점은 누구에게나 있다 •

나는 중학교에 입학했던 아들의 학교생활이 너무 궁금했다. 담임 선생님과의 상담 주간을 기다렸다가 서둘러 전화 상담을 신청했다. 아들의 교우 관계가 가장 궁금하다는 나의 질문에 선생님은 친구들하고 잘 어울려 지내며 전반적으로 큰 문제없이 적응하고 있으니 걱정하지 말라고 하셨다. 짧은 상담으로 궁금증이 해소되지 않아 아쉬웠지만, 큰 문제없이 잘 적응하고 있다는 사실에 감사했다.

    상담을 마무리하며 선생님은 학급 부회장인 아들에게 교실에서 벌어지는 이야기들을 자주 물었다는 얘기를 하셨다. 적응이 힘든 친구들을 도와주고, 친구들 간에 싸움이 생기면 곧장 말해달라는 등 여러 가지 도움을 요청했는데 혹시 아들이 이런 일을 힘들어하는지 물으셨다. 나는 아들이 힘들어하기보다는 오히려 즐거워하는 것 같다고 말했다. 선생님은 아이마다 각자 가지고 있는 강점들이 있는데, 아들은 사회성이 뛰어난 아이라서 선생님을 돕는 일이 즐거운 것 같다고 하셨다. 덧붙여 다른 아이들도 각자 가진 강점을 활용하여 서로 조력하며 반을 함께 운영하고 있다고 설명하셨다. 나는 선생님을 돕는 아들에 대한 칭찬을 듣고 싶었던 것일까? 약간의 서운함을 느꼈지만, 곧 나의 교만에 부끄러워졌다. 아들이 선생님을 돕는 것은 특별히 더 칭찬받을 일이 아닐 수 있었다. 아이들이 각자의 강점을 빌휘하며 교실이라는 작은 사회를 함께 꾸려가고 있는 것이니 말이다. 아이들이 강점을 발휘할 수 있는 환경에 있다는 것은 정말 감사할 일이었기에 나는 선생님의 교육 철학에 감동했다.

아들은 초등학교 때부터 반에서 회장을 줄곧 해오며 선생님들로부터 성실성, 책임감, 리더십을 칭찬받곤 했다. 그래서 내게 선생님과의 상담은 늘 달콤했다. 그러나 이번 상담을 통해 내가 가진 교만을 내려놓게 되었다. 아들은 특별하게 뛰어난 아이라기보다는 선생님들이 좋아하는 강점이 많은 아이였던 것은 아닐까? 당시 담임 선생님과의 상담은 아들에 대한 우월감에 젖어 있던 나를 돌아보는 귀한 시간이 되었다.

누구에게나 강점이 있다. 강점보다 약점을 더욱 들여다보는 세상에서 살아가는 우리는 잘 인지하지 못할 뿐이다. 긍정 심리학에서는 개인의 강점을 잘 발휘하며 살아가면 더욱 행복하게 살아갈 수 있다고 말한다. 셀리그먼Martin Seligman과 피터슨Christopher Peterson은 스물네 가지의 강점을 예시로 들었다. 창의성, 호기심, 수용성, 학구열, 예견력, 용감성, 끈기, 정직, 열정, 사랑, 친절, 사회성, 협동심, 공정성, 리더십, 용서, 겸손, 신중함, 자기 통제력, 감상력, 감사, 희망, 유머, 영성이 그것이다. 강점은 누구나 갖고 있으며 정도의 차이만 있다고 한다. 무엇보다 중요한 사실은 강점이 노력으로 개발되고 더욱 발전될 수 있다는 것이다. 나와 아이에게는 어떤 강점이 있을까? 그 강점을 잘 발휘하며 살아갈 때 나뿐만 아니라 타인에게도 도움이 된다. 그리고 그 도움들이 모여 세상을 더욱 살맛 나는 곳으로 만든다.

• 아이의 강점을 찾을 시간 •

벤저민 프랭클린Benjamin Franklin은 "인생에서 진짜 비극은 천재적인 재능을 타고나지 못한 것이 아니라, 이미 가지고 있는 강점을 제대로 활용하지 못하는 것이다."라고 말했다. 그의 말은 부모에게 강력한 메시지를 전해준다. 신이 아이에게 선물로 준 강점을 뒤로 하고, 세상의 성공을 위해 필요한 강점에만 집중한다면, 아이가 가진 강점은 빛이 바랠 것이다. 약점을 강점으로 개발하기 위해 부딪치는 저항은 아이에게 잦은 실패를 가져다준다. 그리고 이는 부정적 감정으로 연결되며 아이가 낮은 자존감을 갖게 한다.

아이의 강점을 발견해주는 것은 엄마가 아이에게 줄 수 있는 큰 선물이다. 강점을 발견하고 발휘하면 작은 성취들을 얻기 쉽다. 그리고 이런 작은 성취는 긍정적인 감정으로 연결된다. 긍정 정서는 아이 앞에 시련이 닥쳤을 때 그 힘을 발휘한다.

『내가 잘하는 건 뭘까』의 주인공이 자신이 잘하는 것을 찾고 행복하게 걸어가는 모습을 잊을 수 없다. 주인공의 걸음과 표정은 자신감이 가득하며, 그 기쁨은 독자에게 벅찬 감동으로 전해진다. 나는 이 장면을 오려서 액자에 넣어두었다. 그리고 씩씩하게 걸어가는 그 동작을 아이 앞에서 따라 하며 내가 가진 강점을 말하곤 한다.

"엄마도 강점이 있다! 엄마는 작은 것에도 감동을 잘한다!"

이런 나를 보며 중고등학생인 아이들은 손발이 오그라든다며 몸서리친다. 그래도 괜찮다. 이런 모든 노력이 아이들에게 서서히 스며들 것이다. 어릴 적부터 아이와 함께 그림책으로 소통했던 기억들은 훗날 힘든 시기를 통과할 아이에게 큰 힘이 되리라 믿는다. 우리 아이의 강점은 어떤 것이 있는지 잘 찾아보고 발견해주자. 좀 더 객관적인 방법으로 강점을 찾아주고 싶다면 강점 검사를 할 수 있는 사이트나 강점 카드를 활용해도 좋다. 부모가 아이에게 조금만 집중하면 특별한 강점들을 발견할 수 있다. 엄마가 아이의 강점을 자주 말하고 격려해준다면, 아이는 『내가 잘하는 건 뭘까』의 주인공처럼 자신감 넘치는 기쁨의 걸음으로 세상을 살아갈 수 있을 것이다.

Mom's talk

너는 이미 빛나고 있단다

우리는 모두 특별히 잘하는 것이 있어.

상대를 기분 좋게 하는 미소를 짓는 것도
반가운 마음으로 밝게 인사를 하는 것도
사랑을 담아 엄마를 꼭 안아주는 것도
친절한 말로 상대를 행복하게 하는 것도
모두 네가 잘하는 것이 될 수 있어.

그것들은 반짝이는 보석처럼
너를 더욱 빛나게 해.

네가 잘하는 것이 무엇인지
엄마랑 찾아볼까?

네가 잘하는 것들로
너는 눈부시게 빛나고 있단다.

Plus Picture Book

강점을 찾을 수 있도록 돕는 그림책

아나톨의 작은 냄비
이자벨 카리에 글·그림 | 씨드북

아나톨은 상냥하고, 그림을 잘 그리고, 음악을 사랑하는 아이예요. 하지만 사람들은 아나톨이 항상 가지고 다니는 냄비를 이상하게 바라보지요. 아나톨은 냄비를 자신 안으로 수용하고 강점을 발휘하며 행복해집니다. 우리 아이가 자신의 냄비를 잘 다루며 강점을 펼칠 수 있도록 도와주세요.

모자 장수 고양이 씨씨
김송이 글·그림 | 비룡소

씨씨의 모자가게는 유명해요. 씨씨는 손님을 아름답게 만드는 창의적인 모자들을 잘 만들지요. 그뿐만 아니라 사랑이 가득한 마음도 가지고 있어요. 씨씨의 강점은 창의적이고, 사랑이 많다는 것이지요. 그리고 또 씨씨가 가진 또다른 강점은 무엇일까요? 책을 통해 확인해보세요.

유쾌하게 살기에도 인생은 짧단다

아이들이 새로 산 그림책을 서로 먼저 학교에 가져가겠다며 다툰 날이 있었다. 각각 따로 사주어야 하나 고민할 정도로 아이들이 좋아했던 그림책은 『고구마구마』(사이다 글·그림, 반달(킨더랜드))다. 표지에는 굽은 고구마, 털 난 고구마, 배불뚝이 고구마, 험상궂은 고구마, 작은 고구마들이 재미있게 표현되어 있다. 개성 넘치는 모습의 고구마들이 어떤 이야기를 펼칠지 궁금해진다. 이야기는 누군가 보랏빛 고구마 줄기를 잡고 땅속에 묻혀 있던 고구마들을 들어올리며 시작한다. 줄기에 딸려 올라온 고구마들은 동그랗고, 길쭉하고, 울퉁불퉁한 모양이다. 고구마들은 '-구마'라는 어미가 반복되는 언어유희로 독자에게 웃음을 선사한다. 아이들이 이 그림책을 보며 깔깔거리고 웃었던 이유가 개성 넘치는 고구마들의 모습과 함께 즐거운 언어유희 때문이었다.

결국 아들이 이 책을 먼저 학교에 가져갔고, 아들은 그날 교실에서 스타가 되었다. 친구들에게 그림책을 보여주고 '-구마'로 끝나는 말놀이를 하며 재미있게 보낸 것이다. "배고프구마." "축구하구마." "조용히 하구마." 하고 그림책의 언어유희를 변형하여 즐기면서 말이다. 그게 너무 유쾌한 경험이었는지 아들은 이 그림책을 한동안 너무도 좋아했다.

· 유머의 힘 ·

미국 레이건 대통령Ronald Wilson Reagan이 재선에 도전했을 때의 일이다. 그는 역사상 가장 나이가 많은 대통령 후보였다. 상대편 후보 먼데일Walter Frederick Mondale은 그의 나이와 건강을 부각했다.

"우리 미국은 젊고 패기 있는 지도자를 원하고 있습니다. 이 점은 국민 여러분이나 레이건 씨 자신도 잘 알고 있으리라 믿습니다."

먼데일 후보의 이런 공격에 레이건은 웃으며 이렇게 받아넘

졌다.

"나는 이 자리에서 상대의 나이가 어리다는 것을 문제 삼지 않기로 했습니다."

레이건의 세련된 유머가 돋보이는 한 마디다. 유머가 담긴 말은 긴장감을 무너뜨리고 타인에게 신뢰감을 줄 수 있으며 장황한 말보다 설득력이 있다. 또한 딱딱하고 어색한 분위기를 반전시킨다. 일단 웃고 나면 마음이 열린다. 유머를 통해 경계심이 풀어지면 상대의 말을 들어보고 싶은 마음이 생긴다. 그래서 학교 교실이나 강연장에서는 유머러스한 교사나 강사가 가장 인기가 많다. 유머는 서로를 연결해주는 통로가 된다.

심리학자 융 Carl Gustav Jung 은 유머란 오직 인간만이 가질 수 있는 신성한 능력이라고 했으며, 맬컴 쿠슈너 Malcolm Kushner 는 유머가 가장 강력한 커뮤니케이션 도구라고 말했다. 유머는 인간관계를 부드럽게 만드는 윤활유 역할을 한다. 그래서 사람들은 유머러스한 사람과 함께 일하고 싶어한다.

· **유머 감각 있는 아이로 기르려면** ·

함께 일하고 싶은 사람, 함께 연애하고 싶은 사람 1위가 재미있는 사람이라는 통계를 자주 접한다. 사람들은 유머 감각이 있는 사람들을 좋아하고, 자신도 그러한 사람이 되고 싶어한다. 유머 감각이 부족하다면, 재미있는 사람들과 더 가까이 어울리고, 유쾌한 TV 프로그램과 영화 등의 콘텐츠를 즐기는 것이 도움된다.

엄마가 재밌고 유쾌한 모습으로 아이 곁에 있어준다면, 아이는 얼마나 행복할까? 유머 감각이 있는 엄마는 아이를 유쾌한 정서 안에 자주 머무르게 한다. 아이를 유머와 친숙하게 해주고 싶다면 다음 두 가지 방법을 활용해보자.

첫 번째로 그림책의 유머를 아이에게 자주 소개해주는 것이다. 유머러스한 사람이 되기 위해서는 재미있는 이야기를 듣고 말하는 경험을 많이 해보는 것이 좋다. 그런 의미에서 『고구마구마』 같은 그림책은 도움이 된다. "TV 그만 보구마." "반찬 골고루 먹구마." "양치하구마." 이렇게 잔소리에 가까운 말들을 유머러스하게 하면 아이의 유머 감각을 자극할 수 있다.

유머가 담긴 그림책 중에서는 요시타케 신스케 작가의 작품들을 추천한다. 그는 독특한 관점으로 이야기를 유쾌하게 이끄는 매력적인 작가다. 그의 작품 중 『더우면 벗으면 되지』(요시타케 신스케 글·그림, 주니어김영사)에는 단순 명쾌하게 살아가는 방법이 소개되어 있다. 더우면 벗으면 되고, 피곤하면 양치질을 건너뛰고 자면 되고,

살이 좀 찌면 살찐 친구만 만나면 된다는 말에 웃음이 난다. 너무 단순한 삶의 원리 아닌가? 요시타케 신스케의 그림책을 읽고 나면 삶에서 풀리지 않는 미해결 과제들을 단순하게 바라보며 웃을 수 있게 된다.

아이를 유머와 친숙하게 만드는 두 번째 방법은 엄마가 많이 웃는 것이다. 잘 웃는 사람은 어려움을 가볍게 넘어서는 힘을 갖는다. 니체는 "환하게 웃는 자만이 현실을 가볍게 넘어설 수 있다. 맞서 이기는 게 아니라 가볍게 넘어서는 것이 중요하다."고 말했다. 『유쾌함의 기술』(앤서니 T. 디베네뎃 지음, 다산초당)의 저자는 유쾌 지능이 높은 이들은 다른 사람들보다 자주 웃는다는 사실을 발견했다. 그는 인간이 사회적인 관계를 맺고, 그 관계를 돈독하게 만들기 위해 대화를 하는데, 웃음은 대화보다 더 많은 사람과 관계를 맺기 위해 발달한 의사소통 방식이라고 말한다. 또 잘 웃는 성향은 타인에게 그와 연결되는 것이 안전함을 드러내는 생존 메커니즘으로도 볼 수 있다고 했다. 잘 웃는 엄마는 아이와 더욱 안전한 신뢰를 쌓는다. 또한 엄마의 웃음을 전염시켜 아이도 웃게 한다. 엄마가 만들어준 유쾌한 정서의 선순환 안에서 아이는 웃음과 친해지며 유머 감각을 익히게 되는 것이다.

Mom's talk

웃으면 좋은 일이 생긴단다

네가 웃으면 너의 몸과 마음이 건강해진대.
네가 웃으면 다른 사람도 함께 웃게 된대.

네가 웃으면 엄마도 기분이 좋아져.

네가 보낸 웃음은
이곳저곳에 밝은 빛을 선물한단다.

매일매일 웃으면 그 빛은 더욱 밝아지지.

오늘도 웃는다. 하하하!
내일도 웃는다. 히히히!
힘든 날도 웃는다. 호호호!

Plus Picture Book

가족이 함께 웃을 수 있는 그림책

판다 목욕탕
투페라 투페라 글·그림 | 노란우산

판다만 들어갈 수 있는 판다 전용 목욕탕이라는 설정이 재미있어요. 이야기를 재치 넘치는 상상력으로 표현했고, 반전은 너무 유쾌하지요. 아이가 엄마와 함께 그림책을 보며 웃었던 기억을 오래 간직할 수 있는 그림책입니다.

모기 잡는 책
진경 글·그림 | 고래뱃속

여름이면 어김없이 모기가 찾아와요. 가족들은 모두 모기를 잡으려 하지만 쉽지 않습니다. 모기를 어떻게 잡을 수 있을까요? 잘 풀리지 않는 일도 단순하고 쉽게 해결할 수 있다는 메시지가 있어요.

세상에 당연한 것은 없고
모든 것은 감사거리란다

프랑스의 수학자이자 물리학자, 철학자였던 파스칼 Blaise Pascal은 이렇게 말했다. "사소한 일이 우리를 위로한다. 사소한 일이 우리를 괴롭히기 때문에." 우리는 너무 사소한 것에는 신경 쓰지 말라고 조언하곤 한다. 하지만 사소한 것들의 무게는 결코 가볍지 않다. 그래서 우리를 불편하게 하는 사소한 일에는 민감하게 반응하게 된다. 그러나 우리는 우리를 기쁘게 하는 작은 일에는 둔감한 것 같다.

• 사소한 소원만 들어준다면? •

전래동화에는 사람이 동물을 도와주는 이야기가 많다. 흥부놀부의 흥부는 제비의 다친 다리를 치료해주었고, 용궁구슬 어부는 살려달라는 물고기를 바다에 다시 풀어준다. 심성이 착한 주인공은 동물의 보답으로 신분이 바뀌거나 부자가 되는 등 큰 복을 받는다. 만약 내가 큰 복을 받아 누군가 내게 소원을 말하라고 하면 나는 어떤 소원을 말할까?

『사소한 소원만 들어주는 두꺼비』(전금자 글·그림, 비룡소)에 등장하는 두꺼비는 큰 소원이 아닌 사소한 소원만을 들어준다. 이는 우리가 가지고 있었던 소원에 대한 고정관념을 유쾌하게 날려버린다. 어느 날 훈이는 학교 가는 길에 두꺼비 한 마리를 구해준다. 그러자 두꺼비는 고맙다며 소원을 들어주겠다고 한다. 하지만 자신은 두꺼비라 힘이 없어서 정말 사소한 소원만 들어줄 수 있다고 덧붙인다. 훈이의 사소한 소원은 다투었던 짝꿍과 다시 친해지는 것이다. 이 정도면 사소한 소원이 아닌가 싶지만, 두꺼비는 짝꿍이 훈이에게 화가 많이 나 있으니 사소한 소원이 아니라고 한다. 그 후에도 몇 차례 소원을 빌지만, 두꺼비는 모두 사소한 소원이 아니라며 거절한다. 결국 훈이는 아주 사소한 소원을 말하는데 그 소원 덕분에 훈이는 짝꿍과 다시 가까워진다. 정말 사소한 소원을 빌었지만 놀랍게도 진짜 소원이 이루어진 것이다. 이 이야기는 우리가 사소하다고 생각하는 것에 커다란 가치가 숨겨져 있을지도 모른다는 것을 알려준다.

· 감사는 아이를 변하게 한다 ·

우리는 사소한 소원들을 자주 이루며 산다. 풍요로운 세상에서 잦은 물질적 보상을 받으며 부족한 것 없이 자라는 요즘 아이들은 더욱 그렇다. 『돈키호테』의 작가 세르반테스 Miguel de Cervantes 는 "풍족함은 좋은 일이지만 감사할 줄 모르게 하고, 부족함은 나쁜 것이지만 감사하게 만든다."라고 했다. 풍족한 가운데 사소한 것에 감사하기란 어렵다. 하지만 엄마는 아이를 부족하게 키우고 싶지 않기에 풍족함이 아이에게 독이 될 수 있다는 것을 알면서도 이 세상의 모든 좋은 것은 풍족하게 다 주고 싶다.

초등 교사를 대상으로 교육을 한 적이 있다. 그때 만났던 한 선생님의 이야기가 머릿속에 맴돈다.

"요즘 아이들은 감사하다고 말하는 아이가 드물어요. 그래서 감사하다고 말하는 아이를 보면 한 번 더 바라보게 된다니까요."

풍요 속에 감사함은 메말라가는 것일까? 그렇다면 아이가 작은 일에도 감사하는 습관을 지닐 수 있도록 하는 감사 훈련이 더욱 필요한 듯하다.

딸이 중학교 3학년 때 같이 감사 일기를 몇 달간 쓴 적이 있다. 하루 중 감사했던 일과 이유를 쓰는 것이다. 물론 딸은 감사 일기를 쓰기 귀찮아했다. 나도 쓰기 힘들 때가 많았지만, 일주일에 며칠이라도 꾸준히 쓰려고 노력했다. 감사의 긍정적인 효과는 이미 과학적으로 증명되었다. 일상을 감사로 물들이는 아이는 긍정적인 사고를 갖고 살 수 있다. 또 스트레스 저항력과 학업 성취도가 높아지고 지혜로운 아이로 자랄 수 있다.

나는 딸과 감사 일기장을 서로 교환해서 읽었다. 그리고 해주고 싶은 말을 서로의 일기장에 써주었다. 딸은 나를 더욱 이해할 수 있는 기회가 되었고, 나는 딸의 일상을 만나고 깊이 소통할 수 있어서 너무도 행복했다. 이러한 감사 훈련은 매일 비슷하고 별다를 게 없던 일상을 조금 특별하게 만들어주었다. 더불어 사춘기인 딸이 긍정적인 관점을 가지는 데 도움이 되었다. 이런 노력은 서서히 쌓여 효과를 보는 것이지 빠르게 아이를 변화시키는 것이 아니다. 양육은 속도전이 결코 아니다. 일주일에 한 번이라도 좋으니 엄마와 아이가 감사 일기장을 서로 교환하며 써보기를 강력히 추천한다. 어렵다면 잠자리에서 그날의 감사한 일을 한 가지씩 말해보는 것도 괜찮다. 아이가 일상에서 사소한 일에도 감사할 수 있다는 것을 깨닫는 것이 중요하다.

• 일상에서 감사를 표현할 줄 아는 아이로 •

『감사하면 할수록』(이해인 글, 신진호 그림, 현북스)은 이해인 수녀님께서 한 해를 마무리하고 새해를 맞이하며 느낀 감사한 것을 기록한 수필 그림책이다. 이 그림책은 감사하는 마음을 통해 얻게 된 삶의 통찰을 보여준다. 수녀님은 가장 먼저 만남과 헤어짐에 대한 감사를 말한다. 만남은 사람을 사귀는 일이 행복하다는 것을 알려주고, 헤어짐은 사람들과 함께 있을 때 더 잘해야 하는 이유를 알려준다. 그래서 만남과 헤어짐은 모두 감사하다. 이 그림책을 다 읽고 나면 마음이 환해지고 주위를 돌아보게 된다. 나를 에워싼 감사한 일들이 나를 향해 손을 흔든다. 감사는 자존감을 높여주고 자신을 행복하게 만들어준다.

이 세상에 당연한 것은 아무것도 없다. 우리가 누리는 모든 것들은 감사거리가 된다. 아침에 눈을 뜨고, 밥을 먹고, 걷고, 말할 수 있는 모든 일들은 당연한 것이 아니다. 사소해서 감사하다고 느끼지 못할 뿐이다. 작은 것에도 감사하며 기뻐할 줄 아는 아이로 키우려면, 엄마부터 작고 사소한 것들의 가치를 알고 있어야 한다. 매사에 불평하지 않고 감사를 말하는 모습을 보여주자. 이는 아이뿐만 아니라 엄마를 위해서도 필요한 훈련이다. 식사하기 전에는 "감사한 마음으로 맛있게 먹자.", 누군가에게 무엇을 받을 때는 "감사합니다.", 하루를 잘 마무리하며 아이와 편안하게 누운 잠자리에서는 "오늘 하루도 건강하고 무사히 보낼 수 있어서 감사해.", 아침에 일어나서는 "와! 새로운 아침이야. 오늘도 감사한 하루 보내자." 등 순간마다 엄마가 먼저 감사를 말하는 것이다.

학교로 가는 아이의 발걸음에도, 친구와 가볍게 나누는 눈인사에도, 친구들과 놀이터에서 노는 순간에도 가치와 의미를 찾을 수 있다. 모든 것은 당연한 것이 없기 때문이다. 그때 아이는 자신을 둘러싼 모든 것에 감사하며 행복힐 수 있다. 감사하는 사람의 표정과 말은 주변 사람들을 행복으로 물들인다. 그리고 곁에 있으면 마음이 안정되고 행복해진다. 감사함으로 세상을 물들일 아이의 모습을 기대해본다.

Mom's talk

감사를 말하면 행복해진단다

"감사합니다."라는 말에는
마법이 담겨 있어.

이 말을 하면 상대에게 기쁨을 선물하게 되고
나는 작은 씨앗을 선물 받게 되지.

그 씨앗은 네 안에 자라면서
더 잘 웃는 아이로 만들어주고,
더 지혜로운 아이로 자라게 하고,
늘 기쁨이 넘치는 아이로 만들어준단다.

그 씨앗의 이름은 '행복'이야.
감사를 말하면 행복해진단다.

엄마와 작고 사소한 것부터
감사한 일들을 찾아보자.

감사한 마음을 담은 그림책

고마움이 곧 도착합니다
엘렌 서리 글·그림 | 위즈덤하우스

감사는 저절로 찾아지는 것이 아니라 발견하는 것이지요. 다양한 질문으로 아이가 자신과 관계를 맺고 있는 사람들에게 고마움을 전할 수 있도록 돕는 그림책이에요. 아이와 그림책을 다 읽고 감사한 사람에게 꼭 마음을 전해보세요.

오늘도 고마워
윤여림 글 | 이미정 그림 | 을파소(21세기북스)

아이와 함께하는 모든 일상은 감사한 일로 가득해요. 그림책 속 아이는 엄마가 만든 못난이 김밥도 맛있게 먹고, 화를 내는 엄마도 세상에서 최고로 좋다고 말합니다. 그림책을 읽어주며 아이에게 엄마 곁에 와줘서 고맙다고 말해주세요.

CHAPTER 07

엄마의 말을
잘 전할
준비를 할게

너를 위한
달콤한 미소를 준비할게

이것은 가정에 행복을 더하고 친구 사이를 더욱 가깝게 하며, 피곤한 자에게 휴식이 되고 우는 자에게는 위로가 된다. 이것은 무엇일까? 바로 데일 카네기Dale Carnegie가 예찬했던 '미소'다. 방긋 웃어 주는 사람을 보면 친근감이 느껴진다. 미소를 지으면 자신과 상대방 모두 기분이 좋아진다. 단순히 미소를 짓는 것만으로도 뇌하수체에 영향을 주는 전기적 자극이 생긴다고 한다. 이때 엔도르핀, 즉 우리의 기분을 좋게 만드는 화학 물질이 뇌에서 분비된다. 미소를 짓기만 해도 행복해질 수 있다니 정말 쉬운 일 아닌가? 그 행복을 아이에게 선물하고 싶어진다.

• 아이에게 어떤 표정을 보여주고 있는가? •

가까운 교수님과 식사를 하던 중 교수님은 자신의 어린 시절 이야기를 해주셨다. 어머니께서 한 번도 화를 내신 적이 없고, 늘 자상한 미소로 대해주셨다는 것이다. 평온하고 인자한 지금의 교수님 모습이 어머님의 영향이었구나 싶어서 저절로 고개를 끄덕이게 되었다. 엄마라면 누구나 사랑하는 아이에게 미소 띤 얼굴만을 보이고 싶을 것이다. 그러나 미소를 한껏 머금고 생활하기란 너무 힘들다. 어느 정도 보장된 경제적인 여유 속에서 삼신三新 가전인 식기세척기, 로봇 청소기, 건조기를 모두 갖고, 몸과 마음이 편안해야 가능할 것 같은 이야기다. 하지만 미소는 물리적 환경이 좀 편안해진다고 생기는 것만은 아니다. 미소는 엄마 내면의 밝음에서 피어나는 꽃과 같다. 엄마 얼굴의 웃음꽃을 바라보고 자란 아이는 매일이 얼마나 행복하겠는가?

심리학자 폴 에크만Paul Ekman은 사람의 얼굴에 있는 마흔두 개의 근육을 다양하게 조합하여 모두 열아홉 가지의 웃음을 만들어낼 수 있는데, 그중에 딱 한 가지만이 진짜 웃음이고 나머지는 모두 가짜 웃음이라는 것을 밝혀냈다. 눈꼬리에 까마귀발 모양의 주름살이 있고, 입꼬리를 위로 올리며 짓는 표정만이 진짜 웃음이라는 것이다. 에크만은 이것을 처음 밝혀낸 19세기 프랑스의 신경 심리학자인 기욤 뒤센Guillaume Duchenne을 기리기 위해 이를 '뒤센 미소Duchenne smile'라고 명명했다.

뒤센 미소와 반대되는 미소는 바로 '팬암 미소Pan Am Smile'다. 미국의 팬아메리칸 월드 항공사 승무원들의 접대용 미소에서 유래한 것으로 입 주위 근육만을 이용해서 입가만 살짝 들어올리고 웃는 것을 말한다. 팬암 미소는 미소를 짓는 사람뿐 아니라 보는 사람에게도 잘 전달되지 않는다. 심리학자 하커LeeAnne Harker와 켈트너Dacher Keltner는 한 대학의 졸업 앨범에서 141장의 졸업 사진을 분석해 진짜 미소와 가짜 미소를 구분했다. 모두가 웃고 있었지만, 진짜 미소인 뒤센 미소를 띤 사람은 50여 명에 불과했다. 연구자들은 그들이 27세, 43세, 52세가 되는 해에 찾아가 인터뷰하고, 삶의 다양한 부분에 관한 자료를 수집하는 연구를 30년간 진행했다. 놀랍게도 뒤센 미소를 짓는 사람이 그렇지 못한 사람에 비해 건강했고, 결혼 생활도 더 행복했으며, 수입도 높았다. 진짜 미소를 짓는 것 하나만으로 우리의 삶을 변화시킬 수 있는 것이다.

· 방긋 미소를 만나다 ·

그림책『방긋 아기씨』(윤지회 글·그림, 사계절)는 미소의 영향력을 간결한 글과 우아한 그림으로 표현했다. 옛날에 아름다운 왕비가 궁궐에 살고 있었다. 그 곳은 화려했지만, 왕비는 마음 둘 곳이 없었다. 그러던 어느 날 왕비는 아이를 낳고 온종일 아기씨 생각에 빠진다. 그런데 아기씨는 한 번도 웃지 않는다. 값비싼 옷을 입혀도, 가장 맛있는 요리상을 차려내도, 광대를 불러 우스꽝스러운 공연을 열어도 아기씨는 말똥말똥 왕비만 바라볼 뿐 웃지 않았다. 어느 날 엉엉 울던 사람도 깔깔 웃게 만들 수 있다는 의사가 나타난다. 의사는 주문을 외우며 깃털로 아기씨의 얼굴을 살살 건드린다. 그 순간 아기씨는 울기 시작하더니 울음을 멈추지 않는다. 화가 난 왕비가 의사를 감옥에 넣으려고 하자 순간 다급해진 의사는 왕비의 얼굴을 깃털로 간지럽히고, 왕비는 웃음을 터뜨린다. 이때 웃는 왕비의 모습을 보며 아기씨가 어떤 표정을 지었을지 상상해보라!

우울한 사람의 표정은 다른 이에게도 고스란히 전달된다. 우리는 일상에서 왕비의 표정과 모습이 어떠했을지 짐작할 수 있다. 웃지 않는 엄마의 표정을 바라보는 아기씨는 당연히 미소 지을 수 없었을 것이다. 비록 간지러움 때문이었지만, 왕비가 웃으니 아기씨도 따라 웃었다. 이렇게 엄마의 미소는 아이를 따라 웃게 한다.

좋은 엄마 수업이 있다면 1교시 과목으로 '웃는 얼굴 만들기'를 강력히 추천하고 싶다. 아침에 일어나면 나에게 "안녕!"이라고 말하고 입꼬리를 올리며 미소 지어보자. 미소 띤 나의 얼굴을 뇌에 각인시키면, 그 표정을 떠올리며 일상에서도 자주 웃을 수 있다.

우울증을 이겨내지 못하고 결국 극단적인 선택을 한 사람들의 소식이 종종 전해진다. 곁에 가까이 있던 사람들은 한 번 더 웃어주고, 한 번 더 뜨겁게 안아주지 못했음을 한탄한다. 따뜻한 미소는 지친 사람을 위로하는 힘이 있다. 그렇다면 아이의 눈이 엄마를 향할 때 엄마만의 따뜻한 미소를 전해줘야 하지 않을까? 그 미소는 아이의 마음을 편하게 해주고, 어려운 시련들을 잘 이겨내도록 도울 것이다. 엄마의 미소 안에는 사랑, 신뢰, 응원이 가득 담겨 있기 때문이다. 자신과 사랑하는 아이를 위해 얼굴에 미소를 가득 담아보자. 엄마의 말을 전하기 위한 첫 번째 준비물, 그것은 바로 미소다.

Mom's Mission

나와 아이를 위한 미소 연습하기

---

1. 아이의 웃는 사진을 한 장 꺼내고, 사진 속 아이를 따라 밝은 미소를 지어보세요. 그리고 내 미소에 반응할 아이를 상상해봅니다.

2. 이제 눈을 감아보세요. 깊은 심호흡을 세 번 정도 내쉬며 몸을 이완시킵니다. 사진 속 아이가 웃는 모습을 상상하며 사랑을 담아 진짜 미소를 지어보세요.

3. 일상에서 미소를 지을 때 사용하는 근육들이 자연스러워질 수 있도록 자주 연습합니다. 사랑하는 아이에게 미소를 자주 선물해주세요.

TIP 아침에 일어나서 가장 먼저 욕실의 거울에 자신의 모습을 비춰봅니다. 그리고 활짝 웃으며 나에게 인사하는 연습을 해보세요. 미소로 시작된 하루는 웃을 일이 더 많아진답니다.

Plus Picture Book

엄마의 미소를 위한 그림책

세상에서 가장 잘 웃는 용
라흐메트 길리조프 글 | 이은지 그림 | 비룡소

불을 뿜는 능력을 갖추지 못한 미르하이에게는 특별한 능력이 있어요. 바로 웃을 수 있다는 것이지요. 웃음을 통해 사람들과 행복한 소통을 이루는 따뜻한 이야기가 담겨 있습니다.

웃음은 힘이 세다
허은미 글 | 윤미숙 그림 | 한울림어린이

웃음이 우리의 삶을 더욱 건강하고 행복하게 만들어준다는 통찰이 담겨 있어요. 등장인물들의 웃는 모습이 독자까지 웃게 만드는 그림책이랍니다. 아이와 함께 읽으며 마음껏 웃어보세요.

친절하고 다정한 말투로
따뜻하게 말해줄게

『왜냐면…』(안녕달 글·그림, 책읽는곰)에서 아이는 엄마에게 꼬리에 꼬리를 무는 질문을 한다. 비는 왜 오냐는 아이의 질문에 엄마는 새들이 울어서 비가 온다고 말한다. 그러자 아이는 새는 왜 우냐고 묻고 엄마는 물고기가 새보고 더럽다고 놀렸기 때문이라고 말한다. 아이가 질문할 때마다 자신의 상상력을 발휘해 아이의 궁금증을 해소해주는 엄마의 모습은 존경스럽다. 이러한 엄마의 대답은 아이에게 새로운 관점을 주고, 상상력이 풍부한 아이로 자랄 수 있게 돕는다.

처음에는 아이의 질문에 정성스럽게 대답해줄 수 있다. 하지만 아이의 질문이 꼬리에 꼬리를 물게 되면 대답하기 지쳐버린다. 특히 엄마가 몸과 마음이 지쳐 여유가 없다면, 아이의 질문에 정성을 다하기는 굉장히 어렵다. 아이가 어릴 때 엘리베이터는 어떻게 올라가느냐고 물어본 적이 있다. 나는 방향을 바꾸는 도르래의 원리를 설명해주었다. 만약, 그림책 『왜냐면…』에 등장하는 엄마였다면 그 상황에 뭐라고 말해주었을까? "집에 있는 장난감들이 너를 빨리 보고 싶다고 울고 있대. 그래서 엘리베이터가 빨리 집까지 올려다 주는 거야" 하고 말해주지 않았을까? 아이가 상상할 수 있는 이야기를 만들어주고, 도르래의 원리를 나중에 설명해주었다면, 아이는 자신을 기다리는 장난감들을 생각하며 그 순간 설레지 않았을까?

개인적으로 내가 이 그림책을 좋아하는 이유는 그림책 속의 엄마가 너무 좋기 때문이다. 엄마의 표정, 행동, 말에서 묻어나는 향기가 참 좋다. 폭이 넓은 롱스커트에 둥근 옷깃의 티셔츠를 입고, 여유로운 표정으로 노란 우산을 쓴 엄마의 모습은 편안한 느낌을 준다. 다정한 목소리로 아이의 질문에 정성껏 대답을 해줄 것 같은 모습이다. 엄마의 재미있는 이야기와 친절한 말투로 호기심이 충족된 그림책 속 아이의 행복이 고스란히 느껴진다.

• 다정한 말투로 말하고, 건강한 방어 기제로 듣고 •

말투는 말을 하는 버릇이나 모습을 말한다. 강의 중 교육생들에게 그림책 『왜냐면…』 속 엄마의 말투를 유추해 그림책을 읽어보도록 했다. 최대한 다정하고 친절한 말투로 그림책 속 엄마를 표현하다가 이내 모두 웃음이 터졌다. "강사님, 아이한테 이렇게는 말 못 하겠어요." "말투가 제 성격이랑 너무 안 맞아요." "이렇게 말하다가는 병 걸릴 것 같아요." 교육생들은 그림책 속 엄마의 여유와 상상력을 닮고 싶지만, 갑자기 자신의 말투를 바꾸기가 쉽지 않다고 말했다. 일상에서 항상 다정하고 친절한 말투를 쓰기는 어려울 것이다. 하지만 적어도 자신이 강압적인 말투로 아이를 위축시키는 것은 아닌지, 지시적인 말투로 아이의 자율성을 무시하는 것은 아닌지, 짜증 섞인 말투로 부정적인 감정을 전염시키는 것은 아닌지 살펴보아야 한다. 엄마가 습관적으로 사용하고 있는 말투가 아이의 마음을 힘들게 할 수도 있으니 말이다.

나는 일을 몰아서 하지 못하기에 미리 조금씩 해두는 편이다. 만약 급하게 몰아서 해야 하는 상황이 되면 조금씩 쉬면서 에너지를 보충하며 일한다. 그래야 효율이 생기기 때문이다. 하지만 남편은 나와 달리 밤을 새워서라도 끝내버리고 나서 쉬는 스타일이다. 그래서 함께 해야 하는 일이 생기면 꼭 부딪친다.

"엄마는 아빠하고 참 달라. 아빠는 일을 빨리 끝내고 쉬는 게 좋은데, 엄마는 중간중간 쉬면서 일해." 어느 날 남편이 딸에게 하는 말을 듣고, 나는 너무도 불쾌했다. 남편과 같은 공간에 있다가는 그 불쾌함이 말투에 묻어날 듯하여 잠시 자리를 피했다. 그리고 저녁에 남편과 함께 산책하며 이야기를 꺼냈다. 나와 당신은 다르니 내가 일하는 방식을 이해해달라고 말이다. 남편은 다름을 이해하니까 한 말이라고 했지만, 내게는 비난에 가까운 평가처럼 들렸다. 물론 남편의 말을 불편하게 생각한 나의 방어 기제가 문제일 수도 있다. 하지만 그때 나는 내 능력을 평가받은 듯해서 위축되고 불편했던 것이다. 말하는 사람은 친절한 말투를 연습하고, 듣는 사람은 상대의 말을 예민하게 받아들이지 않는 마음의 힘이 필요하다. 그래야 나의 말투로 인해 상대가 오해하게 하는 일이 없고, 상대의 말투에 내가 상처를 입지 않게 된다.

부부가 서로에게 사용하는 말투는 둘만의 문제가 아니다. 부부가 사용하는 말투는 아이에게 그대로 스며든다. 아이는 부모에게 배운 말투로 사람들과 소통하고 가정을 꾸린다. 어떤 말투를 사용하는가에 따라 관계가 풀리기도 하고 틀어지기도 한다. 아이가 사람들과 건강한 관계를 맺을 수 있도록 엄마는 부드러운 결로 말해야 한다.

· 엄마의 말투 만들기 ·

엄마는 아이에게 짜증스러운 말투로 말하고 있다는 사실을 스스로 인지하지 못할 때가 많다. 엄마의 말투는 자연스럽게 아이에게 스며든다. 물론 표정과 태도도 함께 말이다. 아이는 엄마의 유창한 말솜씨보다는 친절하고 다정한 말투를 원한다. 혹시 내가 순간적으로 불편한 감정을 참지 못하고 짜증난 말투로 아이를 대하며 그 말투를 물려주는 건 아닌지 생각해보면 미안해진다.

1971년 UCLA 심리학과 명예교수인 앨버트 메라비언Albert Mehrabian은 저서 『침묵의 메시지Silent Message』를 통해 상대에게 호감을 느끼는 순간은 언제이고, 상대의 첫인상을 결정짓는 요소는 무엇인지에 관한 연구 결과를 발표했다. 그 결과 청각적 요소가 38퍼센트, 시각적 요소가 55퍼센트, 언어가 7퍼센트였다. 대화할 때 상대의 표정, 눈빛, 몸짓같은 비언어적인 요소가 차지하는 비중이 더 크다는 것이나. 이것을 '메라비언의 법칙The Law of Mehrabian'이라고 부른다.

『그랬구나』(김금향 글, 정진호 그림, 키즈엠)는 엄마가 메라비언의 법칙을 적용해서 말투를 연습하기에 좋은 그림책이다. 아이가 실수로 물컵을 바닥에 떨어뜨린다. 엄마는 손을 허리에 올리고, 눈을 치켜뜨며 소리친다. 아이는 엄마에게 눈을 치켜뜨지 않으면 어쩌다 그랬는지 말해준다고 한다. 화내는 엄마의 말투와 부드럽게 걱정하는 표정으로 말하는 엄마의 말투 중 아이가 어떤 말투로 들을 때 자신의 마음을 열 수 있을까? 아이는 엄마가 부드럽게 이유를 물어보자 사실대로 말해준다. 아빠에게 물을 빨리 갖다주려다 넘어졌다고 말이다.

다음 장면에는 아빠가 등장한다. 아이가 콩을 와르르 쏟은 모습을 보고 아빠는 한숨을 쉰다. 또 아이가 우는 동생을 깨웠다고 생각한 할머니는 입술을 깨문다. 아빠의 한숨과 할머니가 깨문 입술에서 느낄 수 있는 비언어적인 요소는 그들의 감정을 그대로 말해준다. 아이는 한숨을 쉬지 말고, 입술도 깨물지 말아 달라고 부탁한다. 이런 비언어적인 요소들이 모두 아이와의 대화에 영향을 미친다. 엄마는 아이를 존중해야 한다. 아이가 잘못된 행동을 하면 차분히 알려주어야지, 윽박지르며 다그쳐서는 안 된다. 엄마에겐 순간적인 감정을 그대로 드러내는 날카로운 말투로 아이를 상처 입힐 권리가 없다.

지인이 아이들을 대하는 내 말투가 지나치게 다정하다며 핀잔을 준 적이 있다. 아이들이 커서 다정하지 못한 말투를 듣게 되면 적응하기 힘들 거라고 말했다. 과연 그럴까? 아이에게 보내는 다정한 말투에는 '너를 존중하고 있으며, 너의 생각과 감정을 수용한다.'라는 뜻이 담겨 있다. 아이는 부모에게 수용받았던 경험을 통해 타인을 수용하는 힘을 기른다. 아이가 누군가의 상처를 보듬어줄 수 있는 사람으로 자라게 된다면 얼마나 감사한 일인가?

사람은 상대의 다정함에 매력을 느낀다. 엄마가 먼저 다정한 사람이 되어보자. 아이의 마음까지 엄마의 말이 잘 가닿기 위해서는 사랑스러운 눈빛과 다정한 말투로 말하는 연습이 필요하다.

Mom's Mission

엄마의 다정한 말투 만들기

----

1. "○○아, 사랑해!"를 높낮이 없이, 평조로 소리 내어 말해보세요.

2. 이번에는 내 말이 포물선을 그리며 입 밖으로 나간다고 상상해보세요. "○○아, 사랑해!"라는 말이 나의 입술에서 출발해 포물선을 그리며 아이의 귀에 도착하는 이미지를 그리며 연습합니다.

3. 일상에서 아이와 대화하며 포물선 말투를 사용해보세요. 평상시 아이와의 대화를 녹음해서 들어보는 것도 도움이 됩니다.

4. 분노의 감정이 올라올 때 깊은 심호흡으로 감정을 정리한 후 포물선 말투로 말해보세요.

TIP 가장 중요한 건 지속성입니다. 계속해서 포물선 말투를 사용한다면 점점 다정한 말투로 변할 수 있어요. 강렬한 감정들을 잘 조절하여 아이에게 다정한 말투를 선물해주세요.

Plus Picture Book

다정한 말투를 사용할 수 있도록 돕는 그림책

노랑이 잠수함을 타고
윤여림 글 | 소복이 그림 | 위즈덤하우스

할아버지와 아빠가 나누는 대화가 아이에게는 싸우는 것처럼 들려요. 서로 사랑을 나눴던 아빠와 아들 사이는 나이가 들면서 서먹해지고 말투도 거칠어집니다. 어떻게 하면 다정한 말투로 바꿀 수 있을까요? 아빠와 아들이 나눈 대화를 통해 다정한 말투의 의미를 생각해보게 됩니다.

내가 듣고 싶은 말
이정원 글 | 김태은 그림 | 뜨인돌어린이

아이는 따뜻한 위로가 담긴 말을 듣고 싶어요. 아이가 듣고 싶었던 말은 사실 엄마가 하려고 했던 말인데, 엄마의 말이 감정적으로 전해질 때가 많지요. 아이를 행복하거나 슬프게 하는 엄마의 말이 모두 담겨 있어서 말투를 공부하기에 좋은 그림책이랍니다.

엄마의 건강한 잠으로
너의 낮을 지켜줄게

임신 중에는 행복한 육아에 대한 판타지가 있다. 아이가 엄마를 보며 방긋 웃고 엄마도 눈 맞춤을 하며 함께 웃는 모습, 엄마의 자장가를 듣다가 스르르 잠든 아이의 모습을 상상한다. 그러나 출산 직후 시작되는 육아는 임신 중 그리던 환상과는 판이하다. 늘 수면 부족에 시달리고, 화장실 한번 마음 편히 가기 어려우며, 우는 아이의 마음을 헤아리지 못해 늘 안절부절못한다. 최고의 엄마로 육아를 잘 해내고 싶은 마음은 굴뚝같지만, 몸이 마음을 따라주지 못한다. 특히 아이가 두 돌이 되기 전까지는 그야말로 전쟁이다. 아이 눈에는 엄마의 이런 고군분투가 어떻게 보일까?

『엄마 도감』(권정민 글·그림, 웅진주니어)은 힘겹게 육아하는 엄마의 모습을 아이의 시점으로 그려낸 그림책이다. 아이는 엄마의 생김새, 몸의 구조와 기능, 몸의 변화, 먹이 활동 등 다양한 영역에서 엄마를 관찰한다. 그중 엄마의 수면 활동에 대한 관찰은 인상적이다. 엄마는 시간과 장소를 가리지 않고 잠이 든다. 분유를 먹이면서도 자고, 함께 놀다가도 잔다. 너무도 공감되는 장면이다. 실제로 엄마는 이 시기에 항상 잠이 부족하기에 누군가 깨우지 않으면 계속 자고 싶다. 아이가 이런 엄마의 마음을 알고 늦게까지 자면 좋으련만 야속하게도 엄마를 깨운다. 아이는 무거운 눈꺼풀을 올리기 힘들어하는 엄마의 모습을 보며 말한다. 엄마를 아무리 깨워도 일어나지 않으면 그냥 내버려 두라고 말이다. 잠든 엄마 앞에서 혼자 책을 보고 있는 아이 모습이 너무도 고맙다.

행복한 육아를 위해서 엄마는 잠을 사수해야 한다. 수면이 부족한 상황에서는 아이에게 좋은 모습을 보이기 어렵다. 하루 이틀은 버티겠지만, 그 이상은 힘들다. 육아는 마라톤이기에 엄마의 몸과 마음이 건강해야 한다. 잠은 엄마의 행복을 지켜주는 기본적인 요소다.

아이가 어릴 적에 잠에 들고 나면 그때부터는 완전히 나만의 세상이었다. 책과 온라인으로 육아 정보를 모으거나, 아이를 위한 물건을 구매하고, TV도 보며 시간을 보냈다. 그러다 보면 어느새 새벽이었고 다음 날 아침에 아이가 일찍 일어나면 힘겨운 하루가 시작됐다. 아이가 낮잠을 잘 때도 그 꿀같은 시간을 잠으로 채울 수 없다는 생각에 나는 낮잠을 자지 않았다. 잠이 부족한데도 말이다. 그렇게 악순환이 반복되었다. 무엇이 중요한지도 모르고 정말 어리석었다. 지금은 잠이 행복한 육아의 필수 요건이라는 것을 알기에 만약 그 시기로 돌아간다면 잠을 더욱 사수할 것이다. 아이가 그때 원했던 것은 육아 정보를 많이 알고 있는 엄마, 좋은 육아용품을 사주는 엄마가 아니라 좋은 컨디션으로 자신을 향해 웃어주는 엄마였을 것이다. 수면 시간이 부족한 엄마는 주변의 도움을 받아야 한다. 조력자의 도움을 얻어 잠자는 시간을 조금이라도 확보해야 한다. 어렵다면 15분 이내의 쪽잠이라도 꼭 자기를 바란다.

정신과 의사들은 잠을 사수해야 한다고 강조한다. 잠과 정신 건강은 밀접한 관계가 있기 때문이다. 신체 에너지를 쏟아야 하는 영유아기의 아이를 키우는 엄마는 더욱 그렇다. 엄마가 잘 자지 못하면, 그 영향은 고스란히 아이에게 전달된다. 위장 장애와 불면으로 고생한 날이 많았던 나는 밥 잘 먹고, 잠을 잘 잔 날은 축복받은 하루라고 생각한다. 좋은 컨디션으로 양육할 힘을 식사와 잠을 통해 얻었으니 말이다.

• 잠이 오지 않는 아이 VS 잠을 자고 싶은 엄마 •

『내 하품이 어디로 갔을까?』(변유정 글·그림, 밝은미래)의 아이는 잘 준비를 마쳤다. 하지만 한 가지를 못 했는데 그건 바로 하품이다. 하품이 어디론가 가버려서 잠이 오지 않는다고 생각한 아이는 하품을 찾으러 나간다.

『잠이 오다가』(유영소 글, 안소민 그림, 책읽는곰)에서 엄마는 아이에게 이제 자라고 말한다. 그러자 잠이 도착하려면 한참을 기다려야 하니 아이는 잠을 잘 수 없다고 말한다. 잠이 오다가 넘어져서 버스를 놓쳤고, 기차를 탔는데 기차는 느릿느릿 역마다 쉬어간다는 것이다. 잠의 여정을 이야기하는 아이를 생각하면 저절로 웃음이 나온다. 그림책 속 상상이지만 잠이 오지 않는 아이의 이유를 그대로 수용해주고 싶어진다. 아이를 재우기 힘들었던 시절에 이 그림책들을 알고 있었더라면, 잠 못 드는 아이를 좀 더 여유롭게 봐줄 수 있지 않았을까 생각한다.

『잠 못 드는 판다 여왕』(수산나 이세른 글, 마리아나 루이스 존슨 그림, 북극곰)에는 며칠째 아무도 잠을 자지 못하는 궁전이 나온다. 이유는 판다 여왕이 잠들지 못하기 때문이다. 잠 못 드는 여왕을 위해 재단사는 달빛 아래 바느질을 하고, 요리사는 한밤중 떡을 만들고, 집사는 새벽이 오기 전 청소를 하며, 왕실 고문은 쉬지 않고 커다란 책에 글을 쓴다. 며칠째 잠을 못 잔 여왕은 눈이 체리처럼 빨개지고, 머리는 북처럼 둥둥거리고, 기분이 몹시 나쁘다. 판다 여왕이 계속 짜증을 내니 궁전의 사람들은 어떻게든 여왕을 재우려고 한다. 왕실 고문은 여왕을 잠들게 하는 자에게 진주가 가득 든 가방을 포상으로 주겠다고 알린다. 이 소식은 멀리 퍼져 세계 곳곳에서 여왕을 잠들게 할 비법을 가진 이들이 궁전을 찾아온다. 몽골 양치기는 양들을 데리고 와서 여왕에게 양을 세게 했고, 벵골호랑이는 세상에서 가장 지루한 전설을 들려주었으며, 개구리는 자장가를 불러주었다. 하지만 그 누구도 여왕을 재우지는 못했다. 무엇보다 가장 힘든 사람은 잠을 자지 못하는 여왕일 테지만, 궁전 안에 사람들 역시도 잠을 잘 수 없으니 고통스러웠을 것이다.

여왕을 엄마라고 하면 궁전 사람들은 가족들이라고 볼 수 있다. 엄마가 잠을 제대로 자지 못한다면 가장 영향을 많이 받는 이는 바로 아이이다. 아주대학교 심리학과 김경일 교수는 잠을 자지 못하면 돈이 없어 괴로운 것보다 더 강력한 불안과 초조함을 느낀다고 말했다. 그러니 엄마는 판다 여왕처럼 짜증을 내지 않도록 잠을 사수해야 한다. 엄마를 우주로 생각하며 눈을 떼지 않고 바라보는 아이가 있음을 잊어서는 안 된다.

한 교육생의 질문이 기억에 남는다. 나를 가장 행복하게 해주는 것은 무엇인지 궁금하다는 질문이었다. 나는 바로 망설임 없이 숙면이라고 대답했다. 잠을 잘 잔 날은 스트레스 회복력과 일의 집중력이 높아진다. 만약 불면의 밤을 자주 보낸다면, 숙면을 위한 자신만의 방법들을 찾아야 한다. 햇볕 쬐기, 족욕, 허브차 마시기, 마사지 등이 도움될 수 있다.

충분히 잠을 자지 못한 날은 자신이 가진 나쁜 습관의 민낯을 드러내게 된다. 많은 심리학자가 잠을 제3의 인격이라고 부르는 이유다. 부디 엄마의 밤이 평안하기를 바란다. 좋은 컨디션으로 지낸 날은 몇 시간을 잤는지, 언제 잠에 들었는지 생각해보며 자신만의 적정한 수면 시간을 찾아야 한다. 건강한 수면을 유지할 때 엄마는 더욱 지혜롭고 행복해진다.

Mom's Mission

오늘 하루 수고한 나를 위한 바디스캔

---

1. 잠자리에 들기 전, 눈을 감고 오늘 하루 고단했을 내 몸을 어루만지며 "수고했어. 잘했어."라고 말해주세요.

2. 하루를 보내며 경직된 내 몸을 이완시켜줄 수 있는 '바디스캔 명상'을 해보세요.

3. 유튜브 채널에 올라와 있는 다양한 바디스캔 가이드 중 자신과 가장 잘 맞는 목소리와 방법을 찾아보세요. 꼭 잠들기 전이 아니어도 여유로운 시간이 생긴다면 짧게라도 바디스캔을 진행해보세요.

TIP 바디스캔은 몸의 근육을 이완시키고, 감각에 집중하게 하여 나의 사고를 지금, 현재로 데려다줍니다. 하루의 스트레스가 해소되며 편안하게 잠에 들 수 있을 거예요.

Plus Picture Book

잠의 이야기를 전해주는 그림책

잠이 오지 않는 밤에
후안 무뇨스 테바르 글 | 라몬 파리스 그림
모래알(키다리)

잠이 오지 않는 밤에 엘리사가 가는 곳을 따라가보세요. 깨어 있는 순간과 잠이 든 순간 사이 '선잠'의 세계를 표현했어요. 잠을 만나기 전 설렘을 갖도록 도와주는 그림책입니다.

잠이 오는 이야기
유희진 글·그림 | 책소유

잠이 안 온다는 아이에게 엄마는 잠은 아주 멀리서 온다고 말해줍니다. 아이들이 잠잘 시간이 되면 '잠'은 슬슬 떠날 준비를 합니다. 잠이 가방에 아가 꿀 꿈을 담고 온다는 설정이 신선합니다. 잠의 행복한 표정이 너무도 사랑스러운 그림책입니다.

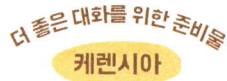

엄마의 케렌시아에서 기쁨을 가득 채울게

"날 좀 그대로 내버려 둬!"

육아 스트레스가 높을 때, 남편과 갈등이 심할 때, 처리해야 할 일이 잔뜩 밀려 있을 때 소리치고 싶은 말이다. 가끔은 이렇게 외치고 혼자 어디로든 훌훌 떠나고 싶어진다. 하지만 어디도 갈 수 없는 현실에 곧 한탄하게 된다.

"날 좀 그대로 내버려 둬!"라고 소리치는 할머니가 있다. 『날 좀 그냥 내버려 둬!』(베라 브로스골 글·그림, 미래엔)의 표지에서 할머니는 손에 털실 뭉치와 뜨개바늘을 들고 잔뜩 화가 나있다. 하지만 할머니를 바라보고 있는 이들의 표정은 모두 밝다. 대체 할머니는 왜 이렇게 화가 난 걸까?

할머니는 작은 마을에 있는 작은 집에서 살지만, 식구가 아주 많다. 할머니를 둘러싸고 있는 아이들은 신나고 행복해 보이는 반면, 할머니는 매우 힘겨워 보인다. 어느 날 겨울이 코앞으로 다가왔다. 겨울이 가까워지면 할머니의 뜨개질거리는 많아진다. 아이들을 위한 스웨터를 만들어야 하기 때문이다. 하지만 할머니는 아이들의 방해로 도무지 뜨개질을 할 수가 없다. 할머니는 뜨개질거리를 커다란 자루에 넣고, 아이들이 없는 마을 밖으로 나선다. 그러나 마을 밖에서도 다른 이들의 방해를 받고, 할머니는 결국 자신만의 웜홀Wormhole로 들어간다.

웜홀은 우주 공간에서 블랙홀과 화이트홀을 연결하는 곳으로, 서로 다른 두 공간을 잇는 가상의 통로를 뜻한다. 벌레가 사과에 파놓은 구멍을 통과하면 더 빠르게 반대편으로 갈 수 있다는 비유에서 나온 말이다. 할머니는 웜홀 안에서 자유로워진다. 캄캄하고 조용한 웜홀에 있는 할머니를 보면서 나는 '왜 웜홀까지 들어가면서 스웨터를 짤까?' 하고 의문이 들었다. 화를 내고 집까지 나가면서 말이다. 언니, 오빠에게 물려받거나 나눠입으며 겨울을 보내도 될 텐데 할머니는 왜 이렇게 스웨터에 집착했을까 궁금했다.

그런데 문득 '할머니가 그렇게 만들어주고 싶었던 스웨터가 나에게는 무엇일까?' 하는 생각이 스쳤다. 아마 그것은 엄마가 아이에게 가장 해주고 싶은 중요한 일일 수 있다. 그 책임을 다하려고 하는 할머니가 존경스러워졌다.

• 나만의 웜홀에서 집중하기 •

엄마의 웜홀은 에너지를 충전할 수 있는 공간이어야 한다. 부모 교육을 할 때 강조하는 것 중 하나가 신체 에너지의 배분이다. 우리가 사용할 수 있는 신체 에너지는 한정적이다. 엄마의 신체 에너지가 고갈되면, 아이에게 짜증을 내게 되고 다정한 엄마가 되기 힘들다. 그래서 오전에 너무 많은 에너지를 사용하는 것은 안 좋다. 오후에 아이를 위한 에너지를 사용해야 하기 때문이다. 가능하다면 그날 해야 할 중요한 일은 오전 중에 처리하고, 오후에 아이 양육과 맞물리지 않도록 해야 한다.

아이가 없는 오전에 자신만의 웜홀에 들어가는 것도 좋다. 일하는 엄마라면 잠깐 점심시간을 활용해도 좋다. 나의 사무실 근처에는 점심시간을 활용해서 휴식을 취할 수 있는 곳들이 있다. 30분 코스의 발 마사지 숍이나, 짧은 명상 프로그램을 진행하는 곳이나, 조용히 책을 읽을 수 있는 카페 등이 그런 공간이다. 잠깐이라도 웜홀에서 에너지를 쌓아 놓으면, 오후에 아이를 더욱 기쁘게 맞이할 수 있는 힘을 얻을 수 있다.

에너지를 쌓을 수 있는 공간으로의 웜홀은 또 다른 말로 케렌시아Querencia라고 할 수 있다. 투우 경기장에서 마지막 결전을 앞두고 소가 잠시 쉬는 곳을 칭하는 케렌시아는 피난처 혹은 안식처를 의미한다. 스트레스에 몸과 마음이 지친 엄마에게 케렌시아는 필요하다. 부모 교육에서 만난 엄마들에게 자신만의 케렌시아가 어디냐고 물어보면 식탁이라고 많이 답한다. 엄마만의 독립 공간이 있다면 더할 나위 없이 좋겠지만, 그렇지 못한 경우 식탁은 엄마의 케렌시아로 만들기 좋은 공간이다. 그 공간에서 엄마는 책을 읽거나, SNS를 통해 세상과 소통하거나, 자신만의 취미를 할 수도 있다.

아이를 돌보다가 무기력해져 아무것도 하고 싶지 않을 때, 마음을 달래줄 수 있는 나만의 공간이 있다면, 그곳에서 다시 새로운 힘을 얻을 수 있게 된다. 그 공간은 비단 식탁뿐만이 아니라, 자주 가는 카페일 수 있고, 공원의 벤치일 수도 있으며, 집 주변의 나무 밑 그늘일 수도 있다. 휴식을 취하며 마음을 정화할 수 있는 곳이라면 어디든 케렌시아가 될 수 있다.

한 워크숍에 참가했다가 입구에서 300년 이상 되었다는 느티나무를 만났다. 그 나무의 위엄과 멋스러움에 감탄하며 바라보고 있을 때 한 선생님이 내 어깨에 손을 올리며 말했다.

"이 나무, 선생님 가져요!"

생각에 따라 나만의 나무가 될 수도 있다고 생각하는 순간, 마음이 굉장히 풍요로워졌다. 나는 집에 와서 아이들에게 내 나무가 생겼다며 얼마나 자랑했는지 모른다. 그 이후로도 나는 몇 차례 그 나무를 보러 갔다. 아무런 말을 하지 않아도 나무가 나의 이야기를 다 들어주는 듯, 그곳에 있으면 마음이 평화로웠다. 그 나무 옆이 나의 케렌시아가 된 것이다. 내 마음이 쉴 수 있는 그곳, 엄마가 자신만의 케렌시아에서 보내는 시간은 절대적으로 필요하다.

• 가장 안전한 나의 구석 꾸미기 •

웜홀, 케렌시아에 이어 '구석'이라는 단어로 엄마만의 공간을 생각해보자. 방 또는 방안을 속되게 이르는 말로 방구석이라는 말을 사용한다. '종일 방구석에 처박혀 있다.' '방구석에 가방을 던졌다.' 등에서 쓰이는 방구석은 다소 부정적인 느낌을 준다. 하지만 코로나 시대를 지나며 이 단어가 주는 어감이 좀 바뀌었다. 우리에게 방구석은 안전한 공간이 되었기 때문이다.

그림책『나의 구석』(조오 글·그림, 웅진주니어)은 구석의 의미를 재해석할 수 있게 도와준다. 작가는 자신에게 그림과 이야기가 있어서 다행이었던 것처럼 이 그림책이 누군가에게 그런 의미가 되었으면 좋겠다고 했다. 작가의 바람처럼 나는 이 그림책이 있어서 참 다행이었다. 구석의 의미를 다시 생각해볼 수 있었으니 말이다.

면과 면이 만난 곳에 하나의 구석이 있고, 그 구석에는 까마귀가 있다. 까마귀처럼 나도 한때는 구석을 무척 좋아했다. 어렸을 때는 비 오는 날 친구들과 우산을 포개어 만든 좁은 구석을 정말 사랑했고, 커서는 버스 맨 뒷자리의 구석에 머리를 기대고 앉아 이동하는 것을 참 좋아했으며, 카페에 가면 가장 구석진 자리에 앉아 차 마시기를 즐겼다. 까마귀는 그 구석에 머리를 기대고 앉았다가 누웠다가 한다. 하지만 어딘가 공허하고 외로워 보인다. 얼마 뒤 까마귀는 일어나 구석을 자신만의 특별한 공간으로 만들기 시작한다. 침대, 책, 조명, 화분을 가져다 놓으며 구석은 새로운 공간이 된다.

앞서 말한 나만의 케렌시아는 그 어떤 공간도 가능하다. 내가 있는 공간 그 어디라도 의미를 부여하면 나만의 특별한 공간이 될 수 있다. 그곳에서 위안을 받는 그림책을 읽는다면 더할 나위 없이 좋을 것이다. 물론 자신의 지친 마음을 치유할 수 있는 공간은 아이에게도 필요하다. 아이도 "날 좀 그냥 내버려 둬!"라고 외치고 싶은 날이 있을 것이다. 아이에게 필요한 그 공간을 함께 만들어주고 존중해준다면 아이도 그곳에서 자신의 에너지를 쌓아올릴 수 있을 것이다. 아이와 가끔 각자의 케렌시아에 서로를 초대해보자.

Mom's Mission

나만의 케렌시아 만들기

---

1. 자신이 에너지를 충전할 수 있는 공간을 생각해보세요.

2. 그곳이 집 안이라면 자신만의 스타일로 예쁘게 꾸며보아도 좋고, 카페라면 선불로 쿠폰을 미리 구입해도 좋아요. 공원이라면 기분 좋게 신고 나갈 편한 신발을 하나 준비해두는 것도 좋겠지요. 상상 속 공간이라면 눈을 감고 편안한 마음을 준비해보세요.

3. 마음이 지치고 해야 할 일이 많아서 힘든 날이라면, 그 공간으로 가서 자신을 행복하게 만드는 일을 하며 에너지를 충전해보세요.

TIP 나만의 케렌시아는 아이에게도 필요하다는 것을 기억하세요.

Plus Picture Book

나만의 케렌시아를 찾아가는 그림책

떠나고 싶은 날에는

레이첼 우드워스 글 | 생 미아오 그림 | 달리

그림책 속의 아이는 마음이 힘든 날이면 자신만의 비밀 장소로 떠나요. 내면이 아주 건강한 아이지요. 아이와 속상한 날 갈 수 있는 비밀공간에 관해 이야기 나누며 그곳을 함께 만들어보세요.

곰씨의 의자

노인경 글·그림 | 문학동네

곰씨는 의자에 앉아 시집을 읽고 음악을 들으며 차를 마시면 마음이 평화로워져요. 곰씨의 의자에서 벌어지는 이야기를 통해 자신이 사랑하는 공간을 안전하게 지킬 방법에 대해 생각해보세요.

더 좋은 대화를 위한 준비물
거리 두기

서로를 존중할 수 있는 적당한 거리를 만들게

SBS 프로그램 〈영재발굴단〉에 전이수라는 동화 작가가 소개된 적이 있다. 깊은 통찰력과 예술성이 돋보이는 그의 작품은 2008년생 작가의 작품이라고는 믿기지 않는다. 특히 가족을 주제로 한 작품이 많은데 그중 엄마에 관한 이야기가 많다. 그는 엄마에 대해 이렇게 말한다.

"우리 엄마는 잘 웃어줘요. 제가 조금 힘든 일을 할 때 혼자 힘으로 이겨낼 수 있게 기다려주고, 어려움이 와도 견딜 수 있게 응원해줘요. 그래서 제가 조금씩 성장할 수 있어요. 엄마는 제가 만난 사람 중 가장 지혜로운 것 같아요. 커서 엄마를 떠난다 해도 엄마의 행동과 말과 모습이 제 안에 그대로 스며들어 있다는 것을 느낄 수 있을 거예요. 사랑이 무엇인지, 배려가 무엇인지, 살아가는 것이 무엇인지를 가르쳐주는 엄마 덕분에 내가 이렇게 컸다고 나중에 저의 아이들에게 그대로 가르쳐줄 거예요. 제가 힘을 낼 수 있는 원동력은 바로 엄마예요."

엄마가 아이에게 참 듣고 싶은 말이다. 아이를 기다려주고, 응원해주는 엄마의 역할은 절대 쉽지 않다. 아이가 혼자서 해낼 수 있도록 엄마와 아이 사이에는 적당한 거리가 필요하다. 아이를 지켜보고 응원해줄 수 있고, 아이가 쓰러져 한동안 일어서지 못할 때 힘내서 일어서라고 말해줄 수 있는 거리 말이다.

전이수 작가의 그림책 『소중한 사람에게』(전이수 글·그림, 웅진주니어)에는 「엄마의 마음」이라는 그림이 있다. 시각 장애가 있는 아들이 지팡이로 바닥을 두드리며 학교에 가고, 엄마는 뒤에서 아들이 잘 들어가는지 바라보는 장면을 표현한 작품이다. 전이수 작가의 셋째 동생은 특수학교에 다니는데, 어느 날 그가 엄마와 함께 동생을 학교에 데려다주다가 본 모습이라고 했다. 엄마는 시각 장애가 있는 아이에게 어서 학교에 들어가라고 하고서는 뒤에서 한참 동안 아들의 모습을 바라보았다고 한다. 아들의 뒷모습을 지켜보던 엄마는 어떤 마음이었을까?

    미국의 문화 인류학자 에드워드 홀Edward T. Hall은 그의 저서 『숨겨진 차원』(에드워드 홀 지음, 한길사)에서 사람 간의 거리를 네 가지로 나누었다. 밀접한 거리는 46센티미터 이내로 부모와 자녀 사이 그리고 연인 사이의 거리다. 그렇기 때문에 가깝지 않은 사람이 46센티미터 안으로 들어오면 사람들은 경계한다. 개인적 거리는 46센티미터에서 1.2미터로 친구나 가까운 지인 사이의 거리다. 약간의 격식이 필요한 관계다. 사회적 거리는 1.2미터에서 3.6미터 거리로, 사회생활을 하며 맺는 사무적인 관계의 거리다. 마지막으로 공적인 거리 3.6미터에서 9미터 거리로 공연자 혹은 강연자와 청중의 거리다. 이처럼 관계마다 그에 적당한 거리가 필요하듯 엄마와 아이 사이는 시기별로 다르게 거리 두기가 필요하다. 엄마와 아이의 적당한 거리는 아이가 스스로 작은 성공을 만들 기회를 주고 유능감을 갖게 만든다.

    아이 앞에 놓인 잔디를 모두 깎아주며 위험 요소를 대신 처리해주는 잔디깎이 맘이나 아이 위에 헬리콥터처럼 떠다니며 모든 일에 간섭하는 헬리콥터 맘 사이에는 적당한 거리가 없다. 엄마와 끊임없이 밀착된 생활 속에서는 아이의 의존성이 높아지고 문제 해결력은 낮아진다.

• 곁에서 지켜주지만 간섭하지 않으며 •

『나무는 아무 말도 하지 않는단다』(가타야마 켄 글·그림, 나는별)에서 공원에 간 준이는 아빠에게 나무가 되어 달라고 한다. 준이의 말대로 아빠는 나무로 변한다. 준이는 나무에 올라가고 싶어 아빠에게 어떻게 올라갈 수 있는지 묻는다. 하지만 나무가 된 아빠는 아무 말도 하지 않는다. 아빠는 준이가 할 수 있다는 믿음을 갖고 말없이 그저 지켜본다. 조금씩 조금씩 나무를 올라간 준이는 굵은 나뭇가지 위에 우뚝 올라선다. 준이는 성취의 기쁨을 느끼며 자신을 둘러싼 세상과 호흡할 힘을 얻게 된다. 그렇게 준이는 한 뼘 자란다.

요즘 아이들은 문제 해결력이 부족하다고들 한다. 자신이 스스로 문제를 해결해본 경험이 많지 않기 때문일 것이다. 엄마가 잔디깎이 맘이 되어 모든 것을 다 해준 아이는 스스로 해결해볼 기회가 없다. 아이가 돌이 될 때까지는 아이의 울음에 엄마가 쏜살같이 달려와 아이의 불편함을 해소해주어야 한다. 이때 아이는 엄마와 신뢰감을 쌓고 위로를 받으며 감정 회복력의 기반을 쌓는다.

두 살이 된 아이는 '나'라는 존재를 인식하기 시작한다. 그래서 뭐든 "내가 할 거야!"를 외친다. 이때 미숙한 아이의 모습이 안쓰럽거나 답답하다고 엄마가 다 해주면서 혼자서 할 수 있는 기회를 빼앗는다면 아이는 자율성을 잃게 된다.

나무가 된 아빠는 준이가 혼자 할 수 있도록 아무 말도 하지 않고 기다려주었다. 준이가 굵은 나뭇가지에 올라서 뿌듯하게 웃으며 씩씩하게 서 있는 모습은 우리 아이의 두 눈에 꼭 담아주고 싶은 장면이다. 아이의 행동에 일일이 간섭하지 않고 뒤에서 든든하게 지켜주는 나무 엄마가 될 수 있기를, 아이는 나무에 오른 준이의 모습을 떠올리며 씩씩하게 성장하기를 소망한다.

· 너와 나의 적당한 거리 만들기 ·

『적당한 거리』(전소영 글·그림, 달그림)는 사람들 간의 적당한 거리를 식물에 비유한 그림책으로 첫 장부터 싱그러운 화분이 등장한다. 화분이 어쩜 그리 싱그럽냐는 질문에 화자는 적당해서 그렇다고 대답한다. 식물도 성격이 달라서 어떤 식물은 물을 좋아하지만, 어떤 식물은 물이 적어도 잘 살 수 있다고 말해준다. 덧붙여 음지를 좋아하는 식물이 있는가 하면, 일광욕을 좋아하는 식물도 있다고 알려준다. 화자는 다름을 알고 그에 맞는 손길을 주는 것, 서로 같지 않음을 받아들이는 것이 사랑의 시작이라고 말한다. 화분에게 우리가 할 수 있는 일은 도와주는 것뿐이라는 글이 큰 울림이 되어 다가왔다. 식물을 기를 때처럼 엄마는 아이의 삶에 개입하는 것이 아니라 도와주는 역할을 해야 한다.

    이 그림책에는 로즈메리가 몇 차례 등장한다. 그래서 나는 이 책을 읽고 로즈메리 화분 하나를 샀다. 푸름과 향기를 계속 뿜어내며 그 곧은 모습을 간직할 수 있게 적당한 물과 햇빛과 바람을 주었다. 여전히 그 적당함이란 어렵기에 로즈메리를 키우며 아이와의 적당한 거리를 다시 생각해보곤 한다.

    부모와 자녀 사이에도, 친구와 친구 사이에도, 선생님과 제자 사이에도 적당한 거리는 필요하다. 양육의 궁극적인 목표는 아이가 성인이 되어 혼자서도 잘 살아갈 수 있는 독립이다. 아이는 성인이 되자마자 바로 자립할 수 있는 능력이 생기지 않는다. 거리 두기 연습을 통해 미리 조금씩 혼자서 해보는 연습이 필요하다. 그 적당한 거리 안에서 아이가 울기도 하고, 넘어져도 보고, 다시 일어날 수도 있도록 도와주자.

Mom's Mission

엄마 선언문

적당한 거리를 갖고 아이를 지켜줄 엄마 선언문을 소리 내어 읽어보세요.

나는 아이를 바라볼 수 있는 적당한 거리를 유지하며
아이를 믿고 기다려주는 엄마입니다.

나의 욕심만 앞서 필요 없는 개입을 하지 않으며
아이의 자율성을 지켜주는 엄마입니다.

나는 아이의 상황을 수용하고 공감하며
아이의 모습을 있는 그대로 인정하는 엄마입니다.

나는 한 걸음 뒤에서 아이의 작은 성공 경험을 응원하며
스스로 해낼 수 있도록 지켜봐주는 엄마입니다.

나는 적당한 거리를 갖고 아이를 바라봐 주는 엄마
○○○랍니다.

Plus Picture Book

엄마와 아이의 적당한 거리를 유지하게 돕는 그림책

꼭 안아주고 싶지만…
오언 매크로플린 글 | 폴리 던바 그림
비룡소

고슴도치와 거북이는 서로 단짝 친구예요. 서로 안아주고 싶지만 지금은 떨어져 있어야만 해요. 그래도 서로의 사랑을 전할 방법은 있답니다. 떨어진 거리에서도 사랑을 확인하는 둘만의 방법이 사랑스러운 그림책입니다.

두 갈래 길
라울 니에토 구리디 글·그림 | 살림출판사

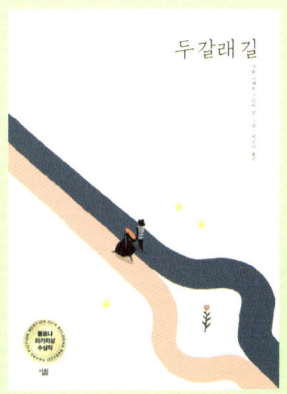

인생은 길과 같아요. 길 위에는 신기한 것도 많고, 두려운 것도 많지요. 두 인물이 서로 다른 길을 걷고 있지만 옆에서 걷는 모습이 엄마와 아이처럼 보이기도 해요. 적당한 거리를 두고 길을 걸으면서 서로에게 힘이 되어줄 수 있다는 것을 보여줍니다.

그림책을 읽다 너의 마음을 보다

1판 1쇄 발행 2022년 6월 2일
1판 2쇄 발행 2024년 1월 5일

지은이 장선화
펴낸이 고병욱

기획편집실장 윤현주 **책임편집** 김지수 **기획편집** 조상희
마케팅 이일권 함석영 복다은 임지현
디자인 공희 백은주 **제작** 김기창
관리 주동은 **총무** 노재경 송민진

일러스트 진유

펴낸곳 청림출판(주)
등록 제2023-000081호

본사 04799 서울시 성동구 아차산로17길 49 1009, 1010호 청림출판(주)
제2사옥 10881 경기도 파주시 회동길 173 청림아트스페이스 (문발동 518-6)
전화 02-546-4341 **팩스** 02-546-8053
홈페이지 www.chungrim.com **이메일** life@chungrim.com
블로그 blog.naver.com/chungrimlife **페이스북** www.facebook.com/chungrimlife

ⓒ 장선화, 2022

ISBN 979-11-88700-70-7 (03590)

※ 이 책은 저작권법에 따라 보호를 받는 저작물이므로 무단 전재와 무단 복제를 금합니다.
※ 책값은 뒤표지에 있습니다. 잘못된 책은 구입하신 서점에서 바꾸어 드립니다.
※ 청림Life는 청림출판(주)의 논픽션·실용도서 전문 브랜드입니다.